ストーリー ブランディング 100の法則

THE 100 TIPS FOR “STORY BRANDING”

川上徹也
TETSUYA KAWAKAMI

日本能率協会マネジメントセンター

はじめに

物を売るな、物語を売れ!

本書を手に取っていただきありがとうございます!

あなたがこの本を手にしたということは、自分たちのビジネスにおいて何かしらの課題を抱えていて、よいブランディングの方法を探しているのではありませんか?

ひとつ質問させてください。

あなたが売っている「商品」は、「いい商品」でしょうか?

もちろんあなたは自信をもって「いい商品だ」といってくれることでしょう(そういってもらわないと困ります)。

しかし、あなたが驚いてしまうかもしれない事実があります。

それは「**いい商品は売れない**」ということです。

え? 「いい商品が売れない」ってどういうこと?

そう思ったかもしれませんが、残念ながら事実です。

正確にいうと「いい商品であるだけでは売れない」ということであり、

「**お客さんからいいと思ってもらった商品が売れる**」ということです。

ではどうすれば「いい商品」だと思ってもらえるでしょう?

一般的に、お客さんが「その商品がいいかどうか」を判断する重要な要素は、「品質」と「価格」のバランスです。いわゆる「コスパ」と呼ばれているもの。また、商品の魅力をどう伝えるかの「広告」の要素も重要になってきます。

確かにこれらの要素は重要です。しかし、「品質」「価格」「広告」だけで勝負しようとしたら、大多数の会社やお店の商売は、やがて立ち行かなくなるでしょう。圧倒的な力がある業界トップの大企業に対しては勝ち目がないからです。

「物(商品)」そのものを売ろうとしている限り、どうしても「品質」「価格」「広告」の土俵に上がってしまうことになります。そうすると、相対的に「お客さんからいい商品だと思ってもらえる」可能性が低くなってしまうのです。

では何を売ればいいのか?

それが「**物語(ストーリー)**」です。

人間は「物語」なしには生きていけない動物です。文字が生まれるはるか前から、「物語」は人間を魅了し続けていました。人間の心を一番揺さぶるのが「物語」なのです。

あなたの会社や商品が、生活者の心を揺さぶる「物語」を発信することができれば、「価格」「品質」「広告」の土俵で戦わなくても「いい商品だ」と思ってもらえる可能性が高まります。

この物語の力であなたのお店や会社、商品を輝かせる手法を「ストーリーブランディング」と名付けました。

この本では、ストーリーブランディングを実践するための具体的な手法や成功事例を多数紹介しています。私が「ストーリーブランディング」を提唱して15年あまり。さまざまな書籍、雑誌、講演などで語ってきた内容をアップデートし、100の法則として再編集したものを中心に、新しい時代に即した「物語」のつくり方や伝え方についても言及しています。

理論的な内容は必要最小限に抑え、実践しやすい「物語の種の植え方」の具体例をできるだけ多く紹介するようにしました。

まずはこの本に書かれた「ストーリーブランディング100の法則」の中から、ひとつでも実践してみてください。その結果、あなたのお店、会社、商品が輝き、お客様との心の繋がりが深まり、商売繁盛に繋がったとしたら、著者としてこれにまさる喜びはありません。あなたのビジネスを次のレベルに引き上げましょう。

川上徹也

CHAPTER 2 「ストーリー」をどのように活用するか

CHAPTER 3 「ストーリーブランディング」とは

CHAPTER 4

「ストーリーの種」の植え方・育て方

※ 本書では「物語」「ストーリー」という2つの言葉を区別せず文脈に応じてほぼ同じ意味として扱っています。同じく「物語」と訳される英語に「ナラティブ」という言葉があります。ビジネス分野で使う場合、ストーリーは「発信側の視点でブランドの想いや価値観・目的などを伝えるもの」であり、ナラティブは「顧客視点で語られ共有する物語的なもの」をさします。本書は「理論」よりも「わかりやすさ」を重視するため、あえて「ナラティブ」という単語は使わず「物語」「ストーリー」という言葉で統一しています。

※ 近年のコロナ渦などの要因により、一部の事例においては当時と状況が大きく変化している場合もあります。しかしながら、それらの経緯などを詳しく紹介することは、「ストーリーの種の植え方・育て方」を紹介する本書の趣旨から外れるため割愛させていただいています。ご了承ください。

CHAPTER 1

なぜ「ストーリー」が必要か

1

頭で買う（理性的消費）か？
心で買う（感情的消費）か？

人が買い物をしたりサービスを利用したりする時、大きく分けると二つの買い方があります。「頭」で買う（理性的消費）か、「心」で買う（感情的消費）か、です。

「理性的消費」とは、実用性、利便性、知名度などを重視して選ぶ買い方。「価格」と「品質」のバランスを考えた、「合理性」で買う消費といえるでしょう。普段の買い物や食事などは、こちらの消費スタイルを取る人が多いかもしれません。いわゆる「コスパがいい」というような買い方は、こちらの消費スタイルです。

ただすべて理性的で合理的な買い物をしているだけだと、人は心が乾いてしまいます。人は時として、不合理な消費をします。「感情的消費」とは、理性で考えると役立つものではないし、ちょっと高かったりするのだけれど、なぜか欲しくなり買ってしまう消費スタイルのことをいいます。たとえば以下のようなケースです。

・没頭している趣味に関する物を買う時
・推しているアーティスト・アイドルなどに関連した商品（CD、写真集、グッズなど）を買う時
・ファンであるスポーツチームのチケットやグッズを買う時
・ブランドもののバッグやアクセサリー、高級車や高級時計などを買う時

・記念日などにちょっと奮発しておしゃれなレストランで食事をする時
・旅行先の空港や駅でお土産を買う時
・テレビショッピングで言葉巧みにダイエットグッズなどを紹介された時

他にも、多くの人は以下のような体験をしたことがあるのではないでしょうか？

「実用的ではないんだけれど、ある商品に一目惚れしてしまった」
「うまく説明できないけれど、どうしてもこの商品が欲しい！」
「理由は特にないけれど、週に一度はあのお店に通いたくなる」
「なぜかわからないけれど、どうせならあの営業担当から買いたい」

これらはすべて「感情的消費」です。

あなたのお店や会社が、大企業やチェーン店でなければ、何らかの「感情的消費」を目指すべきでしょう。「理性的消費」では、規模が大きい方が圧倒的に有利で、小さな会社やお店では勝負にならないからです。あなたが営業パーソン、販売員、士業、コンサルタントなどでも同様です。「理性的消費」を目指している限り、ライバルとの差別化は難しいからです。

この「感情的消費」を目指す時に有力な手段が「物語（ストーリー）」を活用することなのです。なぜなら人間の感情を一番揺さぶるのは「物語」だからです。

2

満足してもお客さんが リピーターにならない理由

「顧客満足Customer Satisfaction（CS）」というマーケティング用語があります。

1980年代にアメリカで提唱され、しばらくして日本にも導入されるようになりました。それ以降、多くの企業は、お客さんの満足を目指してきました。

もちろん「顧客満足」は今でも重要ですし、大企業やチェーン店であればリピーターに繋がる要素です。

しかし、もしあなたの会社やお店が、大企業やチェーン店でないのだとすると、たとえお客さんが満足したからといって、リピーターになってくれる可能性は低いでしょう。

お客さんの立場になれば、その理由は容易に想像がつきます。たとえば、以下のようなシチュエーションで考えてみてください。

・誰かと初めてそのお店で食事をした。普通においしくて値段も適切で、その日は満足した。ではその店に通いつめるでしょうか？
・家族旅行で行った温泉旅館。みんな「よかったね」と満足したからといって、翌年もまたその旅館に行くでしょうか？
・価格比較サイトで電化製品の最安値を調べて通販で購入し、約束通りの商品が約束通りの期日で送られてきて満足したからといって、また次もそのショップを利用するでしょうか？

必ずしもリピーターになるわけではないですよね？　なぜでしょう？

それは「強く印象に残らなかった」からです。より直接的な表現を使うと「忘れてしまった」のです。

チェーン店であれば、どこにでもお店があるので、忘れていてもすぐに思い出すことができます。利用する時、必要以上に大きな期待もしていません。だから、チェーン店は顧客満足のレベルでもリピーターになってもらえます。

有名な大企業でも同様です。名前を知っているというだけで安心に繋がります。CMなどを見て思い出す機会もあるでしょう。満足すればリピーターになってもらえる確率は高くなります。

しかし、小さな会社やお店の場合は違います。「顧客満足」だけではお客さんは本当の意味での「満足」をしてくれません。「満足」は当たり前。満足しただけでは強く印象に残りません。だから忘れてしまい、リピーターになってもらえないのです。

あなたの商品、会社、お店が売れ続けるためには、満足の上をいく、心に響く何かを提供する必要があります。それで初めて、お客さんの「記憶に残る」ことができるのです。

そのために必要な要素が「物語（ストーリー）」なのです。

3

ビジネスにおける「物語」は発見するもの

ビジネスにおける「物語」とは創作するものではなく、発見するものです。今まで見えていなかったとしても、視点を変えることで「物語」は発見できます。きちんとした世界観や哲学を持っているのに、それをうまく発信できていない「もったいない商品」が全国にいかにあふれていることでしょう！　そのような商品を輝かせるのが「物語」の役割です。

20世紀初頭、アメリカで大活躍したコピーライター、クロード・ホプキンスがあるビール会社を業界5位から一気に1位に押し上げた伝説の広告があります。彼が訴求したのは「価格」でも「ビールのおいしさ」でも「アルコール度数」でもありませんでした。

業界5位のシュリッツビールから広告の依頼があった時、ホプキンスは醸造所を見学させてくれるように依頼しました。当時、どのビール会社も「純粋さ」を争うように訴求していました。でも、それでは消費者に何の印象も残さない。製造過程を見ることで何か新しい訴求ポイントが見つかるかもと期待したのです。

工場を見学したホプキンスは驚きました。今まで知らなかったことばかりだったからです。ビールがつめられる前に高温の蒸気でびんが洗浄されていること。不純物が混じらないようにポンプや管が1日2回洗浄されていること。井戸を使って地下深くから天然水をくみ上げていること、など初めて知ることがたくさんありました。

オフィスに戻ったホプキンスは興奮してシュリッツビールの担当者に「どうしてこれらのことを伝えないのですか？」と尋ねました。すると相手は「他社も同じことをしているからですよ。そうでなくてはいいビールはつくれません」と冷静に答えたのです。

他社が同じことをしていても、どこの会社もこの事実を伝えていない。このような取り組みを生活者に伝えれば、きっと驚くはずだ。そう考えたホプキンスは、「清潔なビール」というコンセプトの下、「生きた蒸気で洗浄されたビール」というキャッチコピーをつけた広告を提案します。ビールがつめられる前に高温の蒸気でびんが洗浄されているという物語に焦点をあてた内容でした。

しかしそれを見たシュリッツビールの経営陣は反対しました。「蒸気でびんを洗浄するなんて、どこのビール会社でもやっている。そんなことを語っても効果なんてない」と。

けれども彼らの予想とは裏腹に、出稿された新聞広告は大きな反響を呼び、シュリッツビールを数カ月で業界トップに押し上げました。業界では当たり前のことでも、生活者にとっては初めて知る「物語」だったのです。その製造工程を知り、商品に信頼を抱いた生活者たちは、シュリッツビールのファンになりました。

このキャンペーンの大成功からホプキンスは、次のような原則をそれ以降に手がけた他業種のクライアントでも応用し、次々とヒットを飛ばしました。

「同業者なら誰でも知っているような事実や当たり前すぎて誰も伝えてこなかった事実を、他社にさきがけて訴求すると、最初に伝えた商品に独占的で永続的な栄誉がもたらされる」

4

商品が同じでも「物語」は発見できる

「うちの店はどこにでもある商品を扱っているので『物語で売る』のは難しい」
「うちの会社はBtoB向けの部品を扱っているので『物語』を発見できない」
「うちの会社は卸売業や代理業なので売るべき『物語』なんてない」

このように考える人も多いでしょう。確かにオリジナルな商品を扱うメーカーやお店の方が「物語で売る」ことは容易です。また飲食業なども「物語」を発信しやすい業種だと言えます。そのような会社やお店は「物語」の原石を発見して、それを磨くことを考えましょう。

一方、どこで買ってもほぼ同じ商品・サービスというお店はどうすればよいでしょう？　わかりやすい店舗で言えば、ドラッグストア、コンビニ、文房具店、書店、家電量販店、ガソリンスタンド、酒店、生花店、クリーニング店などがそうです。それぞれ仕入れや販売方法によって、かなり差別化や独自化ができる業種もあれば、それが難しい業種もあります。

このような業種は価格競争になりがちですが、書店、タクシーのように価格を勝手に変えられない業種もあれば、ガソリンスタンド、コンビニのように価値がほぼ横並びの業種もあります。

保険、不動産仲介、引っ越しなどのサービスも、ざっくりいうとどこで買ってもほとんど変わらないものに分類されます。建築・リフォームなどの業種も生活者からは違いがわかりにくいです。工業製品の販売、代理業、卸売業、配送など法人相手の商売やサービスも、価格競争になるという場合が多いです。

では、そんな会社やお店では、「物語で売る」ことはできないのでしょうか？

そんなことはありません。そんな業種の場合は、「商品」以外に「物語の種」を求め、それを植えて育てていけばいいのです。

たとえば以下のようなものが「物語の種」になります。

・経営者や創業者の「生い立ち」「志」「理念」「キャラクター」
・従業員の接客方法
・店頭の商品の陳列法やPOP
・商品や包装紙などのデザイン
・オリジナルキャラクター
・ファンを育てるコミュニティ活動や社会貢献活動
・経営理念やスローガンなどのフレーズ
・その会社ならではの制度
・サプライズやおまけなど期待値超えのサービス　など

これらの「物語の種」を植え、人が共感できるように育ててうまく発信すると、他の会社やお店とは違う独自の存在にすることができます。たとえ扱っているものが、他店などどこでも買える商品であってもです。もし今、それらの「物語の種」がないのであれば、今からつくって植えて育てていくことも可能です。

本書では、「物語の種」の植え方や育て方のアイデアを数多く紹介していきます。

5

「進むべき道」という物語が会社をまとめる

ビジネスにおける「物語」の使い方で有効なのは、これから自分たちの会社やお店が進むべき道を示す場面です。

商売をする時、どうしても生活者や取引先、いわゆるお客さんに目がいきがちです。もちろんそれらは大切なのですが、実はそれ以上に従業員や自分の家族から支持してもらうことが必要です。身内の支持なくしては、長く成長していくことは難しいからです。

まずは、従業員など身内からファンになってもらう必要があります。

その際に役に立つのが「物語の力」です。

会社やお店が持っている「志」「理念」「哲学」「世界観」「ビジョン」「ミッション」（流行りの言葉でいうと「パーパス」）などは、外部だけでなく、内部に向けてもきっちり発信していきましょう。いわば会社やお店が「進むべき道」を示すということです。

このような場合に「物語」はとても有効です。

物語はなぜ有効なのでしょうか？

それは「物語」を語ることによってイメージが共有されるからです。

会社の従業員たちにイメージが共有されると、そこに向かって一緒に歩んでいこうという気持ちになります。いわば暗闇に光る北極星のような役割を果たすのです。

そうやって内部に「志」「理念」「哲学」「世界観」「ビジョン」「ミッション」などのイメージが共有されてくると、徐々に外部にもそれらのイメージが伝わっていきます。

それらの「物語」に共感してくれたお客さんは、その会社やお店を支持しファンになっていきます。結果として長く売れ続けるのです。

さらに社員の採用にも効果が見込まれます。あなたの会社やお店が発信する「物語」に共感した学生たちや他の会社の社員が、一緒に働きたいと思うようになります。

これも「物語の持つ力」です。

6

人類は太古の昔から「物語」が好き

人はどうして「物語」に心を動かされるのでしょう？

学問的には、はっきりとした答えはないようです。ただ人間は太古の昔から、とにかく「物語が大好き！」な動物であることは間違いないでしょう。

文字が発明されるはるか昔から、人類は「物語」を語り継いできました。世界中のほとんどの民族に、語り継がれてきた神話や昔話と呼ばれるものがあります。

またその内容や構造は驚くほど共通しています。気候、地形、食べ物、文化、人種などはぜんぜん違うにもかかわらずです。現在でも文字を持たない民族はたくさんありますが、先祖から伝わる「物語」を持たない民族はほとんどありません。

子孫に何かを伝えたいだけならば、箇条書き風に書き残しても事足りるはずです。それなのにストーリーで語り継いだのにはわけがあります。それによって聞き手の感情が動くからです。

感情に残ると記憶にも残ります。記憶に残ると誰かに伝えたくなります。また「ストーリー」は、失敗を教訓として伝えることもできます。我々の祖先は、人に何かを伝える時に、ストーリーが一番優れた方法であることを知っていたのです。

現在においても事情は同じです。書店に行けばものすごい数の小説やマンガが売られています。映画もドラマも世界中でつくられる数は膨大なものとなるでしょう。

そう、「物語」は世の中にあふれかえっているのです。しかも分析すると、その構造は似ているものがとても多い。

それでも人々は、そんな「物語」に、泣いたり、笑ったり、感動したりしてしまいます。もちろん、ぜんぜんおもしろくなかったという感想の時もあるでしょうけれど、それはそれで腹が立ち感情が揺さぶられます。

みなさんも、こんな経験をしたことはありませんか？

ふと、テレビをつけるとドラマをやっている。どうやらヒロインが難病にかかるストーリーらしい。「今どき難病モノ？」と、思いながら見始める。でも最後は感情移入して号泣。パターンはわかっているはずなのに！

そう、人間は何度も何度も同じパターンの「物語」を見ていても、また感動できてしまう動物なのです。それどころか、個人的なツボにはまると、何度同じ話を読んだり、見たりしても、涙が流れてしまうことさえあるのです。新聞やニュースだと、こうはいきませんよね？

「物語」は、人間の心に強く働きかける力を持っているのです。そんな「物語の力」をビジネスに導入しましょう。

7

ビジネスにおける「物語」の定義

ここまでに何度も「物語（ストーリー）」という言葉を使ってきました。注意していただきたいのは、ビジネスで使う「物語」は、小説、マンガ、映画、ドラマのようなエンターテインメント系のコンテンツでいう「物語」とは別物だということです。

どこが違うのでしょう？
一番の違いはその目的です。
エンターテインメント系のコンテンツは、ストーリーそのものを楽しむことが主な目的です。それに触れる人々の感動を呼び起こすことがすべてです。ですから、いくら展開が複雑であっても、お客さんがついてこられるのであればオッケーです。もっといえば、多くの人がついて来られなくても、一部の人が熱狂的に支持してくれるだけで成功といえる場合もあります。

それに対して、ビジネスで使われる「物語」はあくまで手段なのです。では目的は何でしょうか？　端的にいうと以下の通りです。

人・商品・店・企業などのバリューを上げること

上記の目的が達せられると、「営業・販売」「マーケティング」「ブランディング」などの分野でよい結果を得ることができるのです。

もちろん、「物語」に触れている時は、純粋なエンターテインメントのように楽しめることが理想です。でもそれが目的ではないのです。それ故、ビジネスで使う「物語」は、純粋なエンターテインメントのように、長かったり、複雑であったり、ましてや文学性があったりする必要はありません。

むしろ、できるだけ短くシンプルで、わかりやすい「物語」にすることに力を注ぐべきです。優れた「物語」はたとえ数行であっても十分に機能し、先述の目的を達成することができます。

「ビジネスで使われる物語」は、以下のようになります。

顧客、得意先、生活者、社員などに対して語ることで、聞き手や読み手の感情を刺激する、本当にあった（フィクションではない）エピソード

ここで重要なのは「フィクションではない」という部分です。小説、マンガ、映画、ドラマのようなエンターテインメント系のコンテンツで使われる「物語」が創作（フィクション）であるのに対して、「ビジネスで使われる物語」は「本当にあった」ということが何よりも重要だといえます。

※広告（テレビCM・WEB動画など）のコンテンツでは、フィクションの「物語形式のコンテンツ」を発信することで、生活者の感情を動かす手法を取ることがあります。これは例外だと考えてください。

8

「千葉産　はくれい」か「ピーチかぶ」か？

顧客、得意先、生活者、社員などに対して語ることで、聞き手や読み手の感情を刺激する、本当にあった（フィクションではない）エピソード

こういわれてもピンとこない方も多いかもしれません。オイシックスという野菜を中心にした通販宅配サービスが、「かぶ」をヒット商品にした例で説明しましょう。

新人のバイヤーだった小堀さんがある農家に訪ねていき、「はくれい」という品種のかぶを試食させてもらいました。

彼女はその味に衝撃を受けました。生でも食べることができびっくりするほど甘くてジューシーだったからです。思わず「まるで桃みたい」と口にしたといいます。

「こんなにおいしいのになぜもっと栽培しないのか?」と農家の田中さんに質問すると、「色がよくないのと、栽培が難しいから」という答えでした。

はくれいは、サラダかぶの一種で皮が薄くて小ぶりなのが特徴です。皮が薄いので、水でごしごし洗うと真っ白からちょっと黒っぽい白になってしまいます。市場でのかぶの評価ポイントは、いかに白くて大きいかです。だからどんなに甘くておいしくても市場での価値は下がってしまうのです。また、あまりの甘さに虫がつきやすく、玉が柔らかいから雨風に弱いなどの理由で栽培が難しかったのでした。

しかし、小堀さんは諦めませんでした。これは必ずお客さんに支持されると直感し、翌年に向けての多くの作付けを依頼しました。また「はくれい」という名前にピンとこなかったことから「ピーチかぶ」と名付けました。実際に彼女が食べた時、「桃みたいに甘くてジューシーだから」という理由でした。

次の年、彼女はこの「ピーチかぶ」が販売されることになった経緯を物語にして、農家の田中さんの顔写真とともにサイトに載せて販売しました。すると「一度食べてみたい」と注文が殺到したのです。スーパーで売っているかぶより、かなり高い価格にもかかわらず、です。それ以降、ピーチかぶはオイシックスを代表する大ヒット商品になりました。

これが、販売などにおける際の「物語」の一例です。

普通にスーパーの店頭で「かぶ（千葉県）」としか書かれず並んでいたとしたら、特に買いたい気持ちにはならないでしょう。「サラダに使えます」「生で食べられます」などとPOPで訴えたとしても、それはあくまで「理性」に呼びかけているにすぎません。

それに比べて、「私（バイヤー）が農家を訪ねて食べさせてもらった『かぶ』がまるで桃みたいに甘かったので『ピーチかぶ』と名付けて販売します」というのは、実際にあったエピソードです。これがサイトを見た生活者の感情を刺激し、「どんな味だろう?」「食べてみたい」「買いたい」という気持ちにさせたのです。

このようにちょっとしたエピソードであっても「物語」を感じられると、人は買いたい気持ちになるのです。

商品に「人」がプラスされると「物語」が生まれる

小説・マンガ・映画・ドラマなどすべてのフィクションの「物語」には共通のルールがあります。それは「人」が主人公であるということです。

ビジネスにおける「物語」においても同様です。

前項のピーチかぶのエピソードも、新人バイヤーや農家の田中さんという「人」が登場しました。だからこそ「物語」になっているのです。

たとえばやきとり屋で考えてみましょう。

それぞれ以下の紹介文が載っているとして、A・B・Cのどのお店のやきとりが食べたくなるでしょう（価格、立地、店の雰囲気は同等だとして）？

A　厳選した素材でこだわりのやきとりを提供しています。

B　宮崎県でのびのび育った地鶏を使って備長炭で焼き上げました。

C　やきとり一筋30年の店主が、毎年、全国の有名地鶏を食べ比べて一番「おいしい！」と思った鶏だけを、一本一本魂を込めて焼き上げています。

多くの方は、「C→B→A」の順番ではないでしょうか？　それはなぜでしょう？

まずAとBを比べてみましょう。Aに比べてBの方が具体的なことを書いています。きちんと産地や製法が書かれているので、Bの方が食べたくなることはわかるでしょう。

これをもってBは「ストーリーがある」といういい方をする人もいるかもしれません。実際に「ストーリーが大切だ」と訴える人の中には、このように商品を詳しく説明することが「ストーリー」だと考える人が多いのも事実です。

しかしそこに「人」は登場しません。これでは「ストーリー」を発信していることにはならないというのが私の考え方です。いくら商品のことを細かく説明したとしても、そこに主人公になる「人」が登場しないのであれば「ストーリー」にはならないのです。

やきとり屋で考えると、店主以外にも「養鶏農家」「お客さん」などを主人公にする「物語」も考えられるでしょう。

このように、商品に主人公になる「人」がプラスされることで初めて、「物語」が生まれるのです。質問では、A・B・Cのやきとり屋は別のお店という設定でしたが、同じお店だったと考えてみるとどうでしょう？　現実には、Cのようなことをやっていたとしても、A・Bのような発信しかできていないお店が多いのではないでしょうか？

あなたの会社、お店、自分自身はどうでしょう？　一度考えてみてください。

かといって、全国の有名地鶏を食べ比べていないのに、「全国の有名地鶏を食べ比べて」と書くのは絶対にダメです。

それが「本当にあった（フィクションではない）」という意味なのです。

10

ラーメン屋で「物語」を発見するには？

ここでは、ラーメン屋を例にして、商品にまつわる「物語」をどう発見していけばいいかを見ていきましょう。

たった一杯のラーメンであっても、いろいろな「物語」を発信することは可能です。

丼の中にも外にも「物語」の原石はあります。

〈丼の中の要素〉
「麺」……太さ・こし・小麦粉の種類・かんすい
「スープ」……ダシは何から取っているか・煮込む時間・秘密のタレ
「チャーシュー」……豚の品種・部位・つくり方・柔らかさ
「具材」……どんな具材を使っているか・産地・製法
「調理法」……麺の茹で方・時間
その他「トッピング」「サイドディッシュ」「接客」「調味料」など。

〈丼の外の要素〉
「店の内外」……立地・外観・内装・食器・箸など
「オーナー・店長」……ラーメンにかける情熱・哲学・出逢い、生い立ち・趣味

これらの「原石」を磨き「人」を主人公にすることで、「物語」になります。

たとえば、次のようなものが考えられます。

・オリジナルのラーメンを開発した経緯を語る物語
・他のラーメン屋との違いを強調する物語
・地元の人々から愛されるラーメン屋に育った物語
・ラーメンを通じて自分自身が成長できたという体験談を語る物語
・小さい頃に食べた忘れられないラーメンに関する物語
・ラーメンの魅力を伝える旅行記風の物語

他にもいろいろな角度から考えられるでしょう。

発信するのは、ネットと店舗の２方向が考えられます。ネットでは、ウェブサイト、ブログ、フェイスブック、ツイッターなど。店頭では、ポスター、チラシ、小冊子などいろいろと考えられます。

ただし、当たり前ですがつくられた「嘘」はいけません。実際にあったことが必要最低条件です。
ビジネスにおける「物語」とは取ってつけたようなフィクションではありません。本当は商品力があるのに、それをうまくアピールできていないという理由で、埋もれてしまっている。そんな商品自身が本来持っているポテンシャルを、うまく引き出してあげることが「物語」の役割なのです。

CHAPTER

2

「ストーリー」をどのように活用するか

11

3つのリンゴ どれを食べたい?

ビジネスにおける「物語」をイメージしてもらえましたので、ここではさらに強力な「ストーリーの法則」をお伝えしましょう。

ちょっと想像してみてください。

次の3つのリンゴのうち、あなたはどれが食べたくなりますか？

A　青森県産の甘くておいしいリンゴ。

B　葉取らずのリンゴ。青森のリンゴ農家の津軽さんは、まわりの葉を取らずに栽培し、果実に十分な栄養をいきわたらせています。そうすると見た目は少し悪くなりますが、断然甘くおいしくなるのです。

C　「奇跡のリンゴ」。青森のリンゴ農家の木村さんは、絶対に不可能といわれていたリンゴの無農薬無肥料栽培を、8年の歳月をかけ長年の極貧生活と周囲からの孤立を乗り越えてようやく実現しました。

天の邪鬼でAなんていう人もいるかもしれませんが、多くの人はCを選んだのではないでしょうか？　続いてBですよね。

Aは商品説明だけ。それに比べてBのリンゴは「人」が登場するので、前項で説明した「物語」の条件を十分に満たしています。Cが比較対象になければ十分に食べたくなるでしょう。しかしC

の「物語」には負けてしまう。

よく読んでいただければわかりますが、Cのリンゴは品質について何も語っていません。味がおいしいかどうかもわからないのです。なのに、一番食べてみたいなと思うのはC。

考えてみたら不思議ですよね。なぜCのリンゴを食べたくなるのでしょう？

いろいろな理由があるでしょうが、こんなふうに仮定してみてください。

「もし木村さんが何の苦労もせずにやすやすと達成できていたら」
「もし木村さんが稼ぎたいという動機だけで始めていたら」
「もし『完全無農薬無肥料りんご』というネーミングだったら」

どうでしょう？　前ほど欲しくはなくなってしまったのではないでしょうか？

でも商品としてはまったく同じリンゴです。

つまりこういうことです。

あなたは「奇跡のリンゴ」を欲しいと思ってCを選んだと思っていますが、実は食べたかったのはリンゴではなかったのです。リンゴではなく、それにまつわる木村さんの「物語」を食べたかったのです。

さらにその「物語」が、法則12で説明する「人類共通の感動のツボを押す法則」の要素を満たしていたので、おいしい・おいしくないということを超越して、どうしても食べたくなるのです。

12

人類共通の感動のツボを押す

人類は古くからさまざまな「物語」を語り継いできました。近代になってからは「演劇」「小説」「映画」「ドラマ」「マンガ」「アニメ」などさまざまな形でフィクションの「物語」をつくっています。

そんな数多くの「物語」の中でも、人の感情を大きく動かすパターンがあります。

このパターンに触れると、人は感情移入しやすく、感動しやすく、行動に駆り立てられやすくなります。いわば、「人類共通の感動のツボ」です。「またこのパターンか」とわかっていても、押されるとついつい心が動いてしまう、そんな存在です。

それを私は「ストーリーの黄金律」と名付けました。

たとえばハリウッド映画の多くは、この黄金律にそってつくられています。ハリウッド映画は、全世界をマーケットにした大きなビジネスです。文学性や芸術性を追求するよりも、人種や文化を超えて多くの人をわかりやすく感動させることを目指しています。ですから、このツボを押す構成にしておくと、とりあえず大きくはずすことはないという計算です。

ハリウッド映画は、ボーッと観ていても、ちゃんと話についていける作品が多いですよね。これは、黄金律にそってつくられているからです。

もちろん、黄金律通りになっていても中身がなければ心は動かせませんし、パターンからはずれていても感動する物語も多いです。それでも、「黄金律」を使うことでうまくいく可能性は高まります。「ストーリーの黄金律」は、映画・ドラマ・小説・マンガなどのエンタメ作品だけでなく、いろいろな分野で幅広く使われています。

わかりやすいドキュメンタリー番組などはその典型です。『情熱大陸』や『プロフェショナル 仕事の流儀』などの番組を注意して見ると、ほとんどといっていいほど「ストーリーの黄金律」が使われています。

また、歴史を変えるような政治家の演説は、必ず「ストーリーの黄金律」にそって構成されています。

大恐慌でどん底のアメリカ国民に勇気を与えたフランクリン・ルーズベルトの大統領就任演説。ナチスに攻め込まれる危機の中でイギリス国民を鼓舞したチャーチル首相のスピーチ。冷戦時に国民に道筋を示したJ・F・ケネディの大統領就任演説。公民権運動に大きな影響を与えたキング牧師の「私には夢がある」演説。オバマを一夜にして大統領有力候補にした史上最高と呼ばれた民主党大会での演説。

しかし、必ずしもプラスの方向に導くものではありません。演説で独裁者に成り上がったアドルフ・ヒトラーも「黄金律」使いの名人でした。聴衆側に立った場合、黄金律でツボを押されたことで簡単に成功しすぎないというリテラシーも重要です。

「ストーリーの黄金律」は、それだけ強力な「人類共通の感動のツボ」なのです。

13

「ストーリーの黄金律」の3つの要素

さて、前項でお話した「ストーリーの黄金律」は、以下の3つの要素で構成されます。

① 何かが欠落している、もしくは欠落させられた主人公
② 主人公が何としてもやり遂げようとする遠く険しい目標・ゴール
③ 乗り越えなければならない数多くの葛藤・障害・敵対するもの

順番に見ていきましょう。

① 何かが欠落している、もしくは欠落させられた主人公

主人公の条件はいろいろとありますが、何か満たされていない部分があることは重要な要素となります。すべてが欠落している必要はありません。経済的に満たされていたら、心に満たされていない部分があるなどでもオッケーです。

「欠落させられた」というのは、主人公が心から大切にしていたモノが奪い取られた状態をイメージしてください。大切なモノは、仕事・財産・家族・恋人など、主人公が大切に思っていればいるほどよいです。

人間は、すべてが満たされた幸福な主人公にはなかなか感情移入できません。何かが欠落した状態の主人公が頑張るから、感情移入するのです。

②主人公が何としてもやり遂げようとする遠く険しい目標・ゴール

欠落した状態の主人公が、その欠落を埋めるため、また奪い返すために突き進む目標やゴールが必要です。その目標やゴールは、ちょっと無理なのではないかと思うほど遠く険しい方が望ましいです。目標やゴールが遠く険しければその分、それに立ち向かう主人公が魅力的に映るからです。

とはいえ、現状からあまりに遠すぎると荒唐無稽と感じられてしまうこともあるので注意が必要です。

③乗り越えなければならない数多くの葛藤・障害・敵対するもの

主人公が目指す目標やゴールがいくら遠く険しそうに見えても、何の障害もなくスムーズに到達してしまえば、見ている方は「なんだ～」という気分になってしまいます。

できるだけ主人公の行く手を邪魔するものが現われる必要があります。それは、敵対するライバルだったり、仲間だと思っていた人間の裏切りだったり、自分自身の弱さだったりします。

ハリウッドには、脚本をおもしろくするコツとして「主人公を木に登らせて、みんなで彼（彼女）に石を投げろ！」という言い伝えがあります。つまり、主人公を徹底的にイジメ抜けということです。葛藤や障害が多ければ多いほど、人はワクワクドキドキして主人公やストーリーに感情移入してくれるのです。

14

ブームの裏に「黄金律」あり

世の中で大きくヒットするコンテンツには、「ストーリーの黄金律」の要素が含まれていることが多いです。法則11で紹介した「奇跡のリンゴ」の木村さんは、まさにこの「ストーリーの黄金律」の主人公そのものでした。

北海道旭川市にある旭山動物園は2006〜10年くらいにかけて一大ブームになり、一時は上野動物園に迫る年間300万人という入園者数を記録したことが大きなニュースになりました。

これまでの動物園は動物の姿形を見せることに重点を置いていた「形態展示」が主流でした一方、旭山動物園は動物の動く姿そのものを引き出す「行動展示」を行ったことで多くの人を惹きつけたのが理由だと言われていました。

しかし実は、ブームの理由はそれだけではありません。そこには、「廃園寸前の動物園が奇跡の復活をとげた」という「黄金律」にそったストーリーがあったのです。

1990年代、廃園の危機に直面した旭山動物園のスタッフたちは、お客さんと動物の心理的な距離感を少しでも縮めてもらおうと、「もぐもぐタイム」「手書き看板」「夜の動物園」「動物園のバックステージツアー」「サマースクール」「親子動物教室」「動物の登場する絵本の読み聞かせ会」など色々な施策を実行していました。いずれもお金をかけずに知恵を出すことで実行できるアイデアでした。

このような施策を実行しているうちに、大きな変化が生まれました。それは飼育係をはじめとするスタッフの意識が変わってきたのです。みんなから「もっとこんなことをやりましょう」などという意見が積極的に出てくるようになりました。やがて「理想の動物園」とは何か、についての話し合いが行われるようになったのです。

「理想の動物園」という目標ができたことでスタッフのモチベーションはさらに上がりました。こういう施設だったら、もっと動物のイキイキした姿が伝わる」というアイデアをみんなで出し合い、スケッチにまとめます。スケッチに描かれた動物たちはイキイキと躍動していました。

数年後、旭川市の市長が替わり、公約のテーマパークの代わりに、動物園の改修を行うことが検討されることになりました。市長に呼ばれた旭山動物園の園長は、みんなで話し合った「理想の動物園」の構想を、2時間ぶっ通しで喋り続けたのです。心を動かされた市長は、予算をつけることを約束。そこから、スタッフたちが思い描いた理想の動物園のスケッチがひとつひとつ実現していき、人気動物園へと飛躍したのです。

ジリ貧で廃園寸前の地方の動物園という欠落した主人公が、「理想の動物園」をつくるという高く険しい目標に向かって、まずできることから地道にやりつつ、理想の姿をスケッチしていったことでそれが実現する……そう、旭山動物園はまさに「ストーリーの黄金律」の主人公だったのです。

だからこそ「旭山動物園の奇跡」と呼ばれ、ドラマにも映画にもドキュメンタリーにもなって、視聴者の心を動かしました。その結果、旭山動物園は大ブームになったのです。

15

「黄金律」の種になるものを見つけよう

前項で紹介した旭山動物園は、ブームの後、入場者数が落ち込みました。

入場者数が減少に転じたのは、他にも「行動展示」をする施設が現れ、生活者に飽きられたからだという意見が多く見られました。確かに、入場者数が増えすぎたことによりなかなか動物が見られないために満足度が下がったことは要因のひとつでしょう。

しかし、実はあまりいわれていない理由があります。それは度重なるメディアでの紹介により物語が消費されすぎてしまったことです。つまり、旭山動物園が上野動物園に迫る人気動物園になってしまったことで、「欠落した主人公」でなくなってしまったともいえます。これがブームが落ち着いた一番の原因でしょう。

このようにいくら「黄金律にそった物語」であっても、それが消費されてしまうと魅力が一気になくなってしまうのです。もっとも、通常ここまでのブームになることはまずないので、普通はそこまで考える必要はありません。

もしあなたが大勢の人から応援してもらいたければ、この黄金律にかなう物語の主人公になるようにしましょう。まずはあなた自身、会社、商品などの中に「ストーリーの黄金律」にかなう要素がないか洗い出してみましょう。

たとえば、次のようなものです。

・創業者や現経営者の生い立ち
・創業者はなぜ会社を創設したか？
・現経営者はなぜ会社を継いだのか？
・創業当初や継承当時の苦難
・初めてヒット商品を出すまでの開発秘話
・経営の危機を乗り越えた時
・未来にどうしてもかなえたいこと

それぞれのエピソードの中で、あなたや会社、商品が主人公になれる物語を見つけるのです。それをうまく発信できれば、多くの人の感動のツボを押すことができます。

そのためにはまず、仕事、プライベート、生い立ち、能力などで、自分が持っている「弱み」「コンプレックス」を開示することが必要です。それによって欠落した主人公になることができるからです。

ただし、ネガティブなことを語るだけでは逆効果です。「欠落」「欠点」「コンプレックス」などがありながら、高い目標に向かってそれを克服しようとする姿を同時に見せなければいけません。

高い目標や志があるからこそ、人は応援しようと思うもの。また、それを決してあきらめないだろうと思わせる意志の強さをアピールすることも必要です。

16

「黄金律」を満たす4つのストーリー

あなたの会社やお店が、「ストーリーの黄金律」の条件を満たす「物語」を発信していく時、以下の4つのストーリーが考えられます。

①創業ストーリー（継承ストーリー）

【主人公】創業者（継承ストーリーの場合は現経営者）
【目的例】会社に対する共感・支援を得る
【伝える相手】生活者、顧客、取引先、従業員、学生 など
【欠落しているもの】資金がないこと、自分たちの強みを見つけること
【目標・ゴール】新しいビジネスを創り上げ、市場で成功すること（継承の場合は先代までの事業からの転換など）
【葛藤・障害など】資金調達の困難、競合他社、孤独感、失敗のリスク

「創業ストーリー（継承ストーリー）」は、会社やブランドの創業時（継承時）のエピソードをストーリー化したものです。主人公である創業者（継承者）がどのようにしてビジネスを始めたか、どのようにして最初の成功を収めたか、どのようにして困難を克服したかを描写することが必要です。その過程で、彼らが直面したさまざまな困難に対してどのようにチャレンジして乗り越えたのかを紹介することで、会社の信念、価値観などを伝えます。

たとえば、あなたがIT企業の創業者である場合、どのように

して独自のビジネスアイデアを思いつき、それを苦労して実現させ起業し、危機を乗り越えながら軌道にのせたかを伝えます。あなたが経験した挫折や成功を紹介することで、あなたの会社のストーリーを相手に深く理解してもらえるでしょう。

②商品開発ストーリー

【主人公】商品の開発者や販売関係者
【目的例】自社の商品に対する共感や「欲しい」という感情を得る
【伝える相手】生活者、顧客、取引先、メディア など
【欠落しているもの】市場のニーズや顧客の要望を正確に把握すること
【目標・ゴール】市場で需要があり、顧客に愛される商品を開発すること
【葛藤・障害・敵対するもの】開発費用の調達、技術的な困難、競合他社

「商品開発物語」は、以前NHKでオンエアされていた番組『プロジェクトX』のようなイメージです。あなたの会社における画期的な商品の開発プロセスを、商品開発者、エンジニア、デザイナー、マーケター、営業・販売担当者など製品に関わるさまざまな人物の視点から物語にすることができます。

たとえば、あなたの会社が革新的なソフトウェアを開発した場合、誰が最初にアイデアを思いつき、どのようにしてチームを形成してそのアイデアを形にしたのかを伝えます。特にチームが直面した問題や障害をどのように工夫してどのように克服したかが重要な要素です。企業の構成員たちがどれだけの情熱を持ってその商品を生み出したかを伝えることで、相手の心を揺さぶり、共

感や売上に繋がる可能性が高まります。

③顧客ストーリー

【主人公】あなたの会社の商品やサービスを使う顧客
【目的例】自分たちもこのような思いができるかもという顧客の共感を得る
【伝える相手】主人公の顧客以外の顧客、生活者、メディア など
【欠落しているもの】満足度の低い既存の商品やサービス
【目標・ゴール】あなたの会社の商品やサービスを使って、満足度の高い生活を送ること
【葛藤・障害・敵対するもの】類似商品やサービスとの比較、信頼性の欠如、サポート体制の不十分さ、値段の高さ

「顧客ストーリー」は、あなたの会社の商品やサービスを使う顧客が主人公です。その顧客は、何らかの悩みを抱えて、自分にとって必要不可欠な商品やサービスを探していたにもかかわらず、悩みを解決する商品が見つからなかった。そんな時、あなたの会社がその商品やサービスを提供することを知り、悩みが解決した……というようなイメージのストーリーです。

できる限り、実際の顧客を取材して「物語」にすることが望ましいのはいうまでもありません。

④ビジョンストーリー

【主人公】経営者・会社
【目的例】経営者や会社が実現したい理想の未来を得る
【伝える相手】従業員、投資家、学生、顧客、生活者
【欠落しているもの】目標にはまだ届いていない自社の姿

【目標・ゴール】あなたやあなたの会社が実現したい理想の未来
【葛藤・障害・敵対するもの】自己犠牲、リスク、時代の変化、競合他社

「ビジョンストーリー」は、あなたやあなたの会社が目指す理想の姿を語るストーリーです。「ビジョン」という言葉は、「志」「ミッション」「パーパス」などの言葉に入れ換えても大丈夫です。「ビジョンストーリー」は、あなたの目的や方向性を明確にし、従業員などに向けて進むべき方向性を示す時に有効です。また自分自身の行動や決断を助けるためにも有効です。

たとえば、あなたが起業家である場合、「ビジョンストーリー」によって、あなたやあなたの会社がビジネスを通じて達成したい目標や理想を語ることができます。あなたのビジョンが何であるかを明確に伝えることで、従業員や投資家などがあなたのビジネスに共感し、あなたをサポートしたい気持ちが高まるでしょう。

ビジョンストーリーは、社員採用にも大きな効果を発揮します。共感するビジョンを掲げる会社で働きたいと思うからです。

これらの「黄金律」を満たす４つのストーリーは、動画にするのも向いています。

私自身、動画の制作に関わることがあります。経験上、CGなどのエフェクトがあるような映像にするよりも、極力シンプルに「写真」と「テロップ」だけで制作する方が見る側により伝わり、感動を生むケースが多いです。

17

ビジネスで「物語」を使うことのメリット 基本編

ビジネスにおいて「人・商品・店・企業などのバリューを上げる」という目的で、「物語」を活用するメリットは数多くあります。まずあげられるのが以下の３つです。

① 興味が持てる

「物語」で訴えることによって、人に興味を持ってもらえる可能性が高くなります。

前述したように、人類が根源的に「物語」が好きというのが最大の理由です。それ以外にも、たとえば「営業・販売」「マーケティング」の分野で、「物語」で訴えることによって、直接売り込まれている気がしなくなるということも重要です。

なぜなら「人は直接売り込まれるのが好きではない」という性質があるからです。

② 感情が動く

「物語」で訴えることによって、人の感情を動かすことができます。ロジックやデータで人をワクワクさせることは難しくても、「物語」であればそれが可能です。感情が高ぶれば、人はその商品に興味を抱き、買いたくなる可能性が高まります。

もちろん、その「物語」は人の感情を動かすような優れたものでなければなりません。

③ 記憶に残る

「物語」で訴えると、人の記憶に残りやすいというメリットもあります。これにはいくつかの理由があります。

ひとつは文脈効果。人間の脳は、点で覚えるよりも流れの中で覚えた方が記憶できるようになっているのです。

もうひとつは、感情と記憶の結びつきです。人間の脳は、強く感情が揺さぶられた時のことは、いつまでたっても忘れないような仕組みになっているのです。

10日前の昼ごはんが何だったかなんてことはまず覚えていませんよね。でも感情が大きく揺さぶられた時のこと、たとえば、すごく喜んだり、怒ったり、哀しんだり、楽しんだりした時のことは、何十年たってもしっかり覚えているはずです。

そこまで大きな感情の動きがなくても、自ら興味を持ったものに対しては人間は深く記憶できるという性質があります。学生時代、授業の内容は忘れているのに、先生の雑談だけはしっかりと記憶している、などというのはその典型です。

記憶に長く残ると、（それがいい記憶であれば）当然、ビジネスに好影響を与えます。

18

ビジネスで「物語」を使うことのメリット 応用編

ビジネスにおいて「人・商品・企業などのバリューを上げる」という目的で、「物語」を活用するメリット。ここでは、さらに一歩踏み込んだ「物語」のメリットをご紹介します。

① 差別化できる → オンリーワンになれる

優れた「物語」があると、他の人・商品・お店・会社と差別化でき、オンリーワンになることができます。たとえ商品や価格が同じであっても、それは可能です。そこにある「物語」はそこにしかないからです。

② 失敗を語ることができる → より深く共感する

「物語」で訴えると、失敗を語ることができます。失敗を語ると、より深い共感を得ることができます。

たとえば、あなたが新しく取引する候補の会社についてHPで調べるとします。

その会社の沿革に、こんな失敗事例が列挙されていたらどう思うでしょう。

2018年5月　創業メンバーのひとりが意見が合わずに退社
2019年6月　関西営業所を立ち上げるも数カ月で撤退
2020年7月　新商品が売れずに倒産寸前

「この会社と取引して大丈夫かな？」と普通思いますよね?

しかし、たとえば以下のように訴えてみたらどうでしょう？

2020年７月　新商品が売れずに倒産寸前。これではダメだと社員一丸となって毎日「売る方法」を考えた。その効果で徐々に売れ始め、やがて大ヒットに繋がり業績もＶ字回復……

「物語」として訴えることで、失敗を最大のウリに、ウィークポイントをストロングポイントに変えることができるのです。

これは個人の場合も同じです。就職活動などでは「自分の強み」を探そうと思いがちですが、むしろ、自分の「弱み」「失敗したこと」などから始まって、それをどう克服したのかという「物語」を語る方がはるかにアピールに繋がります。

たとえばあなたに部下がいるとしたら、成功体験を語るよりも、失敗体験を積極的に語りましょう。その方が教育の面でも効果的ですし、絆も深まる場合が多いのです。

19

ビジネスで「物語」を使うことのメリット 上級編

ビジネスにおいて「人・商品・企業などのバリューを上げる」という目的で、「物語」を活用するメリット。ここでは、上級編のメリットをご紹介します。

①感情移入できる→人・商品・企業のファンになる

優れた「物語」に触れると、自然と主人公に感情移入してしまいます。

小説、映画などのフィクションは、主人公に感情移入してもらわなければ成立しません。ですから、感情移入してもらえるようにいろいろと周到な仕掛けが施されています。

ただビジネスにおける「物語」は、そんな周到な仕掛けは必要ありません。「ちょっとしたエピソード」でも十分に感情移入してもらえます。ある人のバックグラウンドとなるエピソードを知ることで、それまで興味がなかった人に感情移入してしまうことはありませんか？

人間は、もともとまったく興味のない人や会社や商品であっても、そのバッググラウンドにある「物語」を知ることで、感情移入してしまう生き物なのです。その結果、ファンになり応援したいと思う気持ちに繋がります。

②イメージを共有できる→インナー（社内）ブランディングに役立つ

優れた「物語」があると、進むべき未来のイメージを社内外の人たちと共有することができます。イメージが共有できると、その物語に参加したくなります。

経営者やリーダーは、社内的にも対外的にも魅力のある「未来のストーリー」を語りましょう。もちろん、それが人を惹きつけるものでなければ誰もついてきてくれません。大風呂敷を広げすぎてもダメですし、志が低すぎてもダメです。

優れた「物語」は、多くの人にイメージを共有させ、行動に誘うのです。

③人に伝えたくなる→口コミが広がる

人は自分が心動かされる「物語」に出会うと「それを誰かに話したくなる」という性質をもっています。あなたもきっと、おもしろかったり、泣けたり、感動したりする小説や映画にめぐり逢った時は、誰かに伝えたくなるはずです。

会社、お店、商品などでもそれは同じです。気持ちが動く「物語」があると、誰かに伝えたくなるのです。それが口コミです。

口コミは昔からお客さんを動かす大きな力でしたが、SNSが広まることで、ますます大きな力を持つようになってきました。また口コミのスピードも以前とは比較にならないほど速くなっています。企業やお店が発信する物語がどんどん口コミで広がっていけば、商品は自然と売れていきます。

されど「物語」を語ることは万能ではない

ここまで、「物語で売る」ことのいいところばかりを述べてきました。しかし「物語で売る」という手法は万能ではありません。

ここでは、商売で「物語で売る」手法を使う場合に、デメリットになる可能性をあげておきましょう。

①理性や論理に訴えた方が効果が高い場合もある

「物語で売る」手法は、感情に訴えるものです。ただし、人間はいつも「感情的消費」をするわけではありません。16ページで述べたように、普段の買い物などは「理性的消費」をすることが一般的です。

扱っている商品や店の立地などによっては、人間の理性に論理的に訴える方が、効果が高い場合もあります。

②「物語」は食わず嫌いをされる可能性もある

物語にすることで興味を持ってもらえることが多いのですが、逆になる場合もあります。世の中には、そういう売り方に拒否反応を示す人も確実にいるのです。伝える相手がどういうタイプかを見極めることも大切です。

③大きなマイナスになる場合もある

「物語」をうまく発信していればいるほど、肝心の商品がよくなかった場合に逆効果になる危険性があります。

また、発信していた「物語」が嘘であったりした場合も、逆効果になります。特に「ストーリーの黄金律」にそった「物語」において「嘘」が混じっていたとしたら、取り返しのつかないマイナスになるでしょう。

実際、当初は美談として流通していた「物語」に「嘘」があることがわかって、炎上してしまうケースはままあります。

ビジネスにおける「物語」は、「本当にあったこと」であることが何よりも重要です。

以上のようなデメリットはありますが、メリットが大きい「物語で売る」という手法をぜひうまく活用していってください。

CHAPTER

3

「ストーリーブランディング」とは

21

「ブランディング」から「ストーリーブランディング」へ

一般的に、ブランドを確立することを「ブランディング」と呼びます。

広告代理店やコンサルティング会社などは、この「ブランディング」という言葉が大好きです。彼らは通常、その会社や商品が進むべきコンセプトを定めて、以下の三要素を確立していくことを提案します。

① 性能・スペック・価格などの「商品力の要素」
② ネーミング・スローガン・キャッチフレーズなどの「言葉の要素」
③ デザイン・パッケージ・キャラクター・広告などの「ビジュアルの要素」

中でも一番力が注がれるのは、③の「ビジュアルの要素」です。彼らのいう「ブランディング」とは、乱暴にいうと、「デザインなどのビジュアル要素で新しい企業イメージを構築して広告を打つこと」に他なりません。新しいロゴをつくって、ホームページや会社案内やCMも一新して、とってつけたようなコミュニケーションワードをくっつける。キャラクター（タレントを含む）を起用する場合もあります。

そうやって、今までよりも高級なイメージをつくって「ブランド化」する。いわば企業や商品に新しい衣裳を着せるようなイメージです。「馬子にも衣裳」というくらいですから、服も大切です。しかし新しい衣裳が似合っていればいいのですが、逆に服に着られてしまっているように見えるケースも少なくありません。特に、お店や小さな会社では、デザインなどのビジュアルだけを新しくしてもいい結果を招かないことがよくあります。

お気に入りで通っていたお店が改装されて、中途半端にこぎれいになってしまったことで、その店に本来あった魅力がなくなってしまったとか、チラシなどの販促物でも、デザインは以前よりも洗練されているのだけれど、もともとの素朴な手書きの時の方が効果があったというようなことは、みなさんにも心当たりがあるはずです。

つまりこういうことです。

デザインなどのビジュアル要素を中心とした「ブランディング」は、会社や商品の中身が伴っていないとマイナスに働くこともある

これらに対し、単に新しい衣裳を着せるのではなく、もとからその会社やお店が持っている価値に光を当てて「見える化」するのが「ストーリーブランディング」です。

もとからある価値に光を当てるので、マイナスになることはありません。そこがビジュアル要素を中心とした通常の「ブランディング」とは違うところです。

22

「ストーリーブランディング」とは？

ここで「ストーリーブランディング」の定義をしておきましょう。

ストーリーブランディングとは以下のように定義できます。

物語（ストーリー）の力を使って、
商品・お店・会社・個人など、
ビジネス全般を輝かせ続けること

注意してほしいのは、「輝かせる」ではなく「輝かせ続ける」という点です。

一般的にいわれるブランディングが、企業や商品に新しい衣裳を着せるというイメージであるならば、ストーリーブランディングは、普段着のままでもオーラが出ているような状態にするというイメージです。

ストーリーブランディングのブランディングは、ブランドであり続けること、**「ブランド＋ing」で、常に進行形**なのがポイントです。

その分、多少時間はかかります。お手軽な「ファストブランディング」ではなく、しっかりと本物を築き上げていく「スローブランディング」だからです。その代わり、血となり肉となり、服を脱いだらメッキがはがれてしまうということもありません。

「ストーリーブランディング」は「ストーリー」という言葉が入っているくらいですから、何より「物語性」を発信していくことが重要です。

すべての「ストーリー」に共通するのは「主人公」の存在です。
主人公がいなければ「ストーリー」は動き出しません。
「ストーリーブランディング」においては、誰を（何を）主人公にするのかが一番重要なポイントです。

大きく分けると２つの方向の主人公が考えられます。

・発信側（会社・お店・商品・経営者・社員）が主人公
・生活者側（お客さん）

誰を（何を）主人公にするかによって、ストーリーの組み立て方も変わってきます。
また次項で説明する、会社経営のどのレベルでストーリーブランディングを実施するかによっても、どちらを主人公にした方がいいかが決まってきます。

23

経営のどのレベルを目指すのか？

ひとくちにストーリーブランディングといっても、発信する「物語」が会社経営におけるどのレベルをさすかによって、以下のように定義が異なります。

もちろん、ケースバイケースですが、一般的には以下のように「主人公」を設定するとうまくいきやすいです。

・経営レベルでは

企業や団体（の代表）を「物語の主人公」に位置づけ、「志」に向かって立ち向かっていくことでファンを生み出していく手法

・ブランドレベルや広報レベルでは

生活者を「物語の主人公」に位置づけ、その商品やサービスを使うことで自分（生活者）のストーリーが輝くことを知ってもらう手法

・販売レベルでは

その商品やサービスが本来持っている価値をわかりやすく「見える化」し、商品やサービスに「人」をからめることでストーリーを生み出し市場で輝かせる手法

ひとくちにストーリーブランディングといっても、どのレベルでのことをいっているのかを事前にすり合わせておくことは重要です。

経営レベル **=川上**

企業や団体（の代表）を「物語の主人公」に位置づけ、「志」に向かって立ち向かっていくことでファンを生み出す

ブランドレベルや広報レベル **=川中**

生活者を「物語の主人公」に位置づけ、その商品やサービスを使うことで自分（生活者）のストーリーが輝くことを知ってもらう

販売レベル **=川下**

商品やサービスが本来持っている価値を「見える化」し、商品やサービスに「人」をからめることでストーリーを生み出す

これらの３つのレベルを川の流れにたとえると（お客さんが海だとして)、以下のように表現することもできます。

・経営レベル＝川上
・ブランドレベル・広報レベル＝川中
・販売レベル＝川下

こちらは、76ページで説明する「川上コピー」の概念と密接に関係します。

24

ストーリーブランディングの「3本の矢」

私が提唱している「ストーリーブランディング」という手法は、ストーリーの力を使って商品・お店・会社・個人などを輝かせ続ける手法です。

まず以下のように、階層の異なる3つのストーリーを構築していくことがポイントになっています。

ストーリーブランディングの「3本の矢」
①志（理念）
②独自化のポイント
③象徴的なエピソード

どんな内容かを以下に箇条書きで示しました。

① 志（理念）

・どうしても実現させたい目標・ビジョン
・会社の根幹となる考え方・フィロソフィー
・何を目的に会社経営を行うかというミッション
・世の中に向けて発信するための大義や旗印

② 独自化のポイント

・他にはない最大の特徴
・ひと言でいえることが望ましい
・「志」の矢とリンクする必要がある

③象徴的なエピソード

・①や②の内容を象徴的にあらわす「具体的なエピソード」

それぞれ、法則14で紹介した旭山動物園の例でいうと以下の通りです。

①日本一の理想の動物園をつくる
②動物のイキイキした姿が見られる行動展示
③スタッフたちが理想の動物園のスケッチを描き、園長がそれを基に市長にプレゼンした

「３本の矢」は、それぞれの矢が同じ方向を向き、矛盾なく、お互いリンクして補完しあっていることが理想です。そうすることで「３本の矢」はちょっとやそっとでは折れない最強のストーリーを構築するからです。

次項からは「３本の矢」のそれぞれについて詳しく説明します。

25

「志（理念）」の見つけ方

「志」を見つける方法はものすごく単純です。その分、とても難しいともいえます。

簡単にいってしまうと、あなたの会社の「強み」を使って「何か社会的な意義があること」を達成させようという想いが「志」になります。

しかし自社の本当の「強み」がわかっている会社は意外に少ないものです。自分では「強み」だと思っていることがそうでもなく、自分では「弱み」だと思っていたことが本当の「強み」だということもよくあります。

「社会的な意義があること」に関しても難しいかもしれません。もちろん、会社の運営は営利活動ですから「儲けたい」「○○が欲しい」などのエゴはあって当然です。しかしそんな利己的な「志」では誰にも共感してもらえません。かといって、キレイ事では嘘くさく思われます。

また、簡単に達成できるものではワクワクしません。困難や障害があるほど物語は盛り上がります。かといって実現不可能なものでは相手にしてもらえません。利己的でもなくキレイ事でもない。簡単には達成できないかもしれないけれど、絵空事ではない。この主人公なら、ひょっとしたら達成かもしれないという絶妙な「志」を掲げる必要があるのです。

「志」を発見しようとする時、重要になってくるのが、あなたの会社やお店、もしくはあなた自身の「過去から現在までのヒストリー」です。
「ヒストリー」とは、あなたの会社やお店、もしくはあなた自身の歴史です。その企業をどのような思いで創業したのか。もしあなたが二代目や三代目であれば、どのような思いで跡を継いだのが。過去にどのような商品やサービスを開発してきたのか。そこに込められた思いはどんなものだったのか。また、あなた自身の生い立ちはどんなものだったのか。

私が企業のストーリーブランディングのお手伝いをする時も、「ヒストリー」のヒアリングを重視します。

経営者にインタビューするのはもちろん、創業者のエピソードも詳しく教えてもらいます。店舗・工場・オフィスなども可能な限り見学させていただき、社員の方に話を聞くことも多いです。

過去の広告やライバル企業との関係などもできる限り調べます。分析していく中で、この会社を「物語の主人公」にするにはどうすればいいのかという、ストーリーの「原石」を発見できます。

ただし「ヒストリー」だけでは本当の意味での「ストーリー」は生まれません。

よく企業の歴史をストーリー化してホームページに載せている例が散見されます。もちろんないよりはいいのですが、残念ながらこれだけでは「ストーリーブランディング」には繋がりません。

なぜなら、それは「過去」でしかないからです。

小説や映画などで考えてみてください。

主人公が安全地帯にいて過去の栄光を語るだけの物語にワクワクするでしょうか？　しませんよね？　そこで重要になってくるのが次項で説明する「未来のストーリー」なのです。

26

「過去のストーリー」を「未来のストーリー」に繋げる

なぜ「過去のストーリー」だけでは「ストーリーブランディング」に繋がらないのでしょうか？

小説や映画などで考えてみてください。主人公が安全地帯にいて過去の栄光を語るだけの物語にワクワクするでしょうか？

しませんよね？ そこで重要になってくるのが「未来のストーリー」なのです。

ワクワクする物語は、まず主人公が何か「新しい未来をつくりたい」という「ビジョン」を抱き、それを語るところから始まります。それが「未来のストーリー」です。

「未来のストーリー」は、「過去のヒストリー」とリンクしているからこそ、説得力をもち、臨場感のある「物語」になります。逆にどんなに素晴らしい「未来のストーリー」であっても、「過去のヒストリー」とリンクしていなければ、実現しそうな気がしません。当然、社外からも社内からも共感を得ることはできません。

ストーリーブランディングをしていく時は、現在の姿が「過去のストーリー」と「未来のストーリー」にリンクしていることが重要です。以下に簡単にまとめておきます。

★「過去のストーリー」とは

・会社やお店

創業してから現在にいたるまでのヒストリーやエピソードなど

・経営者
生まれてから現在にいたるまでのヒストリーやエピソードなど

・商品
企画開発から販売にいたる現在までのプロセスにおけるエピソード

など、現在にリンクする過去についてのストーリーのことをさします。

★「未来のストーリー」とは

・会社・お店・経営者
今後どんな風になっていきたいかという未来の姿
自分の会社やお店が成長していくことで社会にどのようないい影響を与えるか

・商品
その商品が広くいきわたることで生活者の未来のライフスタイルがどのように変わっていくか

など、現在にリンクする未来についてのストーリーのことをさします。

「過去」があるからこそ「現在」がある。それを「未来」にどう繋げていくかを語ることで、ストーリーの流れが出来上がっていくのです。

27

「志」をステートメント化する

この「未来のストーリー」を文章化したものが「３本の矢」の「志」だともいえます。
「志」（理念）は、あなたの会社やお店、あなた自身が「物語の主人公」になるために一番重要な要素です。ですが、一般的に、世の中に向けて自社の「志」をきちんと発信している会社は、意外に少ないのが実態です。

ある程度の規模の会社であれば「経営理念」を定めていることが多いでしょう。しかしその「経営理念」が「ストーリー」を生み出し、その企業を「物語の主人公」にするようなものであることはまれです。
なぜなら、そこには強い「意志」が感じられないからです。大抵の「経営理念」は、ホコリを被っていることが多いでしょう。「経営理念」が「企業理念」「ミッション」「ビジョン」「クレド」「フィロソフィー」など別の言葉になっていても同じです。
このような「分類」にして言葉を考えた途端、どこの会社がいってもいいような教科書的なフレーズになってしまうことが多いのです。社名を隠してそれを読むと、どこの会社のものかわかりません。

そのような理由から「ストーリーブランディング」では、これまで企業の「理念」にあたる言葉を「志」という言葉で統一してきました。「志」と表現することで「意志を持つフレーズ」になり、企業が「物語の主人公」になる可能性が高まるからです。

明確な「志」があると、まず自分や社員のモチベーションが上がります。また、目指すべき場所のイメージがはっきりするので、何か行動をおこしたり、新しい事業を始めたりする時に、ブレがなくなります。

多くの人に共感してもらえる「志」があると、支援を受けやすくなります。

また「ストーリーの黄金律の主人公」になれる可能性が高まります。

そして「志」をわかりやすく世の中に表明する時に必要なのが「ステートメント」と「川上コピー」です。

「ステートメント」とは、その会社の「志」「理念」などを社内外に向けて、心に響く文章で簡潔に表現したもののことです。通常20〜200字程度であることが多いです。

ホコリをかぶった「空気コピー」にならないように、意志を感じる表現にすることも重要です。

そして「ステートメント」をさらに短く意志を感じる表現でスローガン化したもののことを「川上コピー」と名付けました。こちらは1行、できれば15字以内で表現することが理想です。

28

「川上コピー」で物語の主人公になる

「川上コピー」は、一般的に企業スローガン（コーポレートメッセージ、タグラインとも）などと呼ばれているものです。しかし、これもまたそのような「分類」で考えると、「○○のその先に」「○○で笑顔に」「○○から世界へ」「未来をつくる」など安易な常套句になりがちです。

残念ながら、このようなありきたりな言葉では、人の心を動かすような「旗印」にはなりえません。当然ながらその企業は「物語の主人公」にもなれません。もっとワクワクするような力強い1行が必要なのです。

それを明確にするために、「川上コピー」という言葉を発明しました。経営の一番上流にあってすべての企業活動の道しるべになる1行だからです。

「川上コピー」が決まれば、商品開発や広告・広報など川中・川下にあるすべての企業活動が必然的に変わっていくということを感覚的に理解しやすいこともメリットです。

想像してください。

あなたは舞台の上に立っています。観客席からはお客さんや取引先が大勢見ています。同じ舞台の上には、従業員という共演者がいます。このときにあなた（の会社）が、未来においてどんな困難に立ち向かう覚悟があるかを、どんな風に社会的意義のあることをしていくかを、観客（客・取引先）や共演者（従業員）に示す1行が「川上コピー」です。

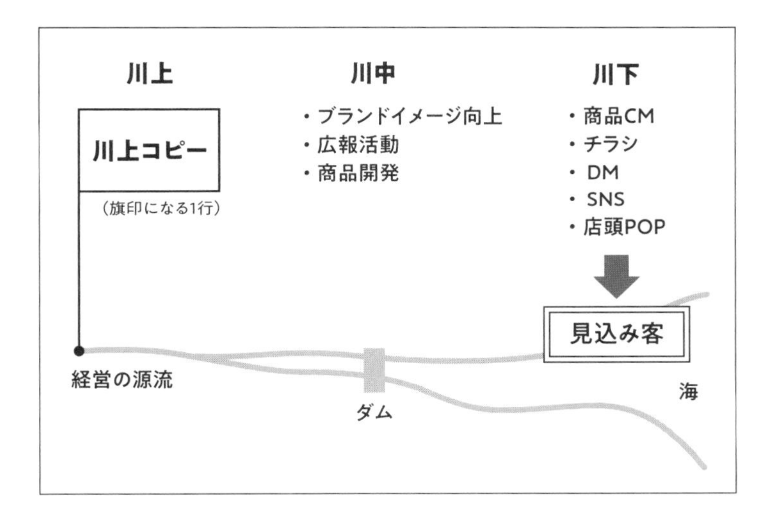

思い浮かべてください。

あなたの会社の「川上コピー」が書かれた大きな旗が、大空にはためいている姿を。

そして自問自答してみましょう。その旗を見て、あなた自身はときめくでしょうか？　これから始まる物語にワクワクするでしょうか？　多くの人の心に刺さるものでしょうか？　従業員が行動を共にしようとするものでしょうか？

この旗に書かれている１行が、ワクワクする未来を感じさせる言葉になっていると、自然といろいろな「物語」が生み出されていくでしょう。

無理かもしれないと思ったら、もう一度「志」をつくり直しましょう。

29

「独自化のポイント」でオンリーワンの存在に

２本目の矢が「独自化のポイント」です。

いくら「志」が立派でも、他社と同じ商品やサービスでは「いってることは立派だけど……」と思われてしまいます。その会社ならではの、独自の手法が必要となるのです。

旭山動物園でいうと、「行動展示」の部分です。これは、当時は他にはない旭山動物園の独自の特徴であり、お客さんから人気を得ている最大のポイントでした。

「独自化のポイント」があると、まず差別化しやすくなります。ポイントがひと言で伝えられると、人に薦めやすくなります。人に薦めやすいということは、口コミで広がりやすくなるという大きなメリットになるのです。

「独自化」とは、簡単にいうと、あなたの会社、お店、商品・サービスのオンリーワンな部分をひと言でいいあらわしたものです。

必ずしも、ナンバーワンである必要はありません。

ビジネスではよく「ナンバーワンでないものは存在しないものと同じだ」といわれます。「日本で一番高い山である富士山は誰もが知っているけれど、日本で二番目の高さの山はほとんど知られていない」（正解は北岳）という例えを聞くと、なるほどと思ってしまいそうになります。

でも本当にそうでしょうか？　たまたま二番目の北岳の知名度が低かっただけで、他にも阿蘇山、大山、六甲山、立山、浅間山、高尾山、大雪山など全国的に知られている山はいくつもあります。

それらの山は、高さでは日本一ではないかもしれません。標高でいうとかなり低い山もあります。しかしどれもがオンリーワンのブランドを持っているといえるでしょう。

もちろん、オンリーワンであれば必ず「ウリ」になるとは限りません。もしオンリーワンであるのに売上や利益に繋がっていないとすれば、ビジネスの観点では、それは間違ったオンリーワンになってしまっているのか、もしくはうまく発信できていないかのどちらかです。

間違ったオンリーワンとは、あなたの会社やお店の強みがズレている場合や、需要がまったくない場所にポジショニングしてしまっている状態をさします。

きちんと「ウリ」になる「独自化のポイント」を見つけましょう。

「独自化」は、「志」の実現のためにあるべきなので、両者の間に矛盾はないか、リンクしているかをチェックしてください。

30

「独自化」を見つけるアプローチ

「独自化」を見つけ出す方法はいろいろあります。ここではわかりやすいアプローチの方法を紹介しましょう。それが以下の３つです。いずれも特別すごい発想や商品力がなくても、オンリーワンになれる方法です。順番に見ていきましょう。

①分野をギュッと絞り込む

分野をギュッと絞り込むことで、その狭い分野でのナンバーワン・ファーストワンになるという方法です。その結果としてオンリーワンになり「独自化」を見つけることができます。

絞り込むことによって「他社と差別化できる」「専門家として敬意を示してもらえる」「価値のわかるお客さんが来てくれる」「自分の得意分野に焦点をあてることができる」などのメリットを得ることができます。

絞り込んだからといって、それ以外のお客さんを断る必要はありません。絞り込みがうまくいっていれば、不思議なことに、「何でもやれます」といっていた頃よりも、仕事が増えてくることが多いのです。逆にいえば、絞り込んだ結果、得意先やお客さんが減ったのであれば、絞り込んだ分野を間違えている可能性が高いといえます。

②「見せ方・魅せ方」を変える

小さな会社やお店が「独自化のポイント」を見つけるには、メインで提供する商品やサービスがオンリーワンであることが一番てっとり早いです。そのために有効な手段が「見せ方・魅せ方」を変えるということ。
「見せ方･魅せ方」とは、言い換えると「見た目」「意味づけ」「提供方法」「演出」などのことです。同じ商品であっても、これらを変わると、お客さんに与える印象や期待感は大きく変わり、ストーリーが生まれます。
あなたの会社やお店の商品も思い切って「見せ方・魅せ方」を変えてみましょう。「独自化のポイント」が見つかり、その商品を取っかかりにオンリーワンの存在になれるかもしれません。

③とにかく宣言する

「独自化」を見つけるアプローチの３番目は、とりあえず宣言してしまうという方法です。ちょっと荒っぽいですが宣言してしまうことで、それが事実として一人歩きしていくことがあります。
宣言でわかりやすいのは、「日本一」「世界一」とアピールする方法です。うちにはそんなものないよ、と思われたかもしれません。ただ規模や売上が一番だということだけが「日本一」「世界一」ではありません。視点を変えれば、あなたの会社も「日本一」や「世界一」になることができます。実際「日本一小さい牧場」「日本一懐かしい遊園地」と宣言することで、ブランディングに成功している会社もあります。

以上、「独自化」でオンリーワンになるための３つのアプローチを見てきました。
それぞれのアプローチの方法は、独立したものとして考えるのではなく、リンクしているものと考えた方がいいでしょう。

31

タグをつけて「独自化」は完成する

さて前項のように「独自化」を見つけたら、それをひと言で表現することが重要です。

本書では「○○○といえば××」という風に、その会社、お店、商品などのオンリーワンの特徴をひと言で訴求できるキャッチーなキーワードのことを「タグ」と呼びます。

タグとは、本来は「荷札」「付箋」などの意味です。最近では、ハッシュタグというい方でブログの記事につけるキーワードの意味でも使われます。タグをつけておくと、検索に引っかかりやすくなるのです。

たとえば、38ページで取り上げた「奇跡のリンゴ」の例で考えてみましょう。

「奇跡のリンゴ」は伝わりやすいタグです。しかしこれが「完全無肥料無農薬のリンゴ」「自然栽培のおいしいリンゴ」ではどうでしょう？　たとえ同じ商品の特徴をあらわしていたとしても、普通すぎてわざわざ人に伝えようとは思わないですよね。

これはすべての商品やサービスに共通していえます。いくらオンリーワンでも、わかりやすいタグがないと、なかなか人に伝わっていかないのです。

旭山動物園の「行動展示」も同じですね。これが「動物のイキイキした生態を見せる展示法」ではタグになりません。

「独自化」を見つける

↓

① 分野をギュと絞り込む

分野を絞り込むことで、狭い分野での
ナンバーワン・ファーストワンになる

②「見せ方・魅せ方」を変える

メインの商品やサービスがオンリーワンであるように
「見せ方・魅せ方」を変える

③ とにかく宣言する

とりあえず宣言することで、
それが事実として一人歩きしていくことがある

「独自化」を完成させる

「独自化」をひと言で表現するキャッチーなキーワード、
すなわち「タグ」を見つける

「タグ」は、キャッチフレーズやスローガンとも近いのですが、もっと端的にひと言でいえるようなものです。わかりやすいタグがあると、人に紹介してもらえる確率が上がるでしょう。

「独自化」のストーリーは、オンリーワンの商品やサービスの上にわかりやすいタグをつけ、ラベルを貼って、初めて完成するのです。

32

象徴的なエピソードとは？

３本目の矢が「象徴的なエピソード」です。

旭山動物園の例でいうと、「スタッフたちが理想の動物園のスケッチを描き、園長がそれを基に市長にプレゼンした」という部分です。

これは実際にあった「志や独自化のポイントを象徴的にあらわす具体的で魅力的なエピソード」であることが理想です。

私は企業の取材や「ストーリーブランディング」のお手伝いをする時に「理念を象徴するようなエピソードが何かありますか？」とよく質問します。具体的なエピソードがあるかないかで、理念に対する納得感が大きく変わるからです。

たとえば、長野市にあるタクシー会社「中央タクシー」の有名なエピソードを例にあげましょう。

中央タクシーは1975年に創業した会社で、「お客様が先 利益は後」という経営理念を掲げています。ただ正直、この理念だけを読むと「キレイ事」のように感じてしまう人も多いでしょう。ところが、以下のエピソードを知ると、「なるほど、そういうことか」と納得できます。

1998年の長野オリンピックの時のことです。地元長野には、観光客や報道陣がどっと押し寄せました。タクシー業界も空前の特需に沸いていました。報道各社は我先にと、タクシー会社に貸し切りの予約を入れます。中央タクシーもオリンピック期間中は予約で満杯になりました。会社としては稼ぎ時です。
そんな時、ひとりの従業員が声をあげたのです。
「大会中、いつもうちのタクシーで病院に通ってるあのおばあちゃんはどうすればいいんでしょう？」
その声をきっかけに、いつも使ってくれる市民の足を守らないでいいのかという議論になりました。「お客様が先 利益は後」という理念を掲げているのに、それでいいのかというわけです。
経営者は決断しました。「貸し切りの予約は断って通常通り運行する」と。

長野で貸し切りを断ったのは中央タクシーだけでした。大会期間中、同業他社は通常の３倍の売上を上げました。当然そのタクシー会社は普段とあまり変わらない売上でした。
しかし、オリンピックが終わると、観光客やメディアなどのお客さんは潮が引くように去っていきました。逆にそのタクシー会社は、以前は他社を使っていたお客さんまでが指名してくれるようになり、大会前より繁盛するようになりました。

このような「象徴的なエピソード」がひとつあると、「志」が腹おちするのです。ストーリーに厚みが出て、メディアにも取り上げられやすくなります。
あなたの会社やお店、あなた自身に「象徴的なエピソード」はないでしょうか？　過去の出来事を振り返ってぜひ探してみましょう。

※過去の書籍では「具体的エピソード」のことを「魅力的なエピソード」と呼んで記載していました。しかし「魅力的」以上に「象徴的」であることが重要と考えるようになり、本書では「象徴的なエピソード」と記載しています。

33

今なければ「未来のエピソード」をつくる

「象徴的なエピソード」があるとストーリーに厚みが出ることはわかった。しかしいくら考えてもそのような「エピソード」がないという場合もあるでしょう。

そんな時は、まず何でもいいから「志」にリンクするような新しい試みを始めてみることです。リニューアル前の旭山動物園でいうと、「ワンポイントガイド」「もぐもぐタイム」「夜の動物園」「バックステージツアー」といったような部分です。そうやって何かを始めていくことで「熱」が生まれ、新たなエピソードが生まれていく可能性が高まります。

法則35からの「『ストーリーの種』の植え方・育て方」の実例は、「象徴的なエピード」「魅力的なエピソード」をつくるためのアイデア集だということもできます。

もうひとつ「未来のエピソード」を考えるという方法もあります。これは1年後、3年後、5年後、10年後に起こってほしい(志とリンクする)「象徴的なエピソード」を創作するというものです。そしてこのような「エピソード」を実現させるためには、日々どのような活動をしていけばいいか逆算して考えるのです。

「象徴的なエピソード」は、「志」や「独自化」のストーリーとリンクすると大きな力になり、物語が立体化して効果を発揮します。「志」や「独自化」は、いずれも抽象的な言葉になってしまうことが多いのですが、「エピソード」は具体的である必要があります。

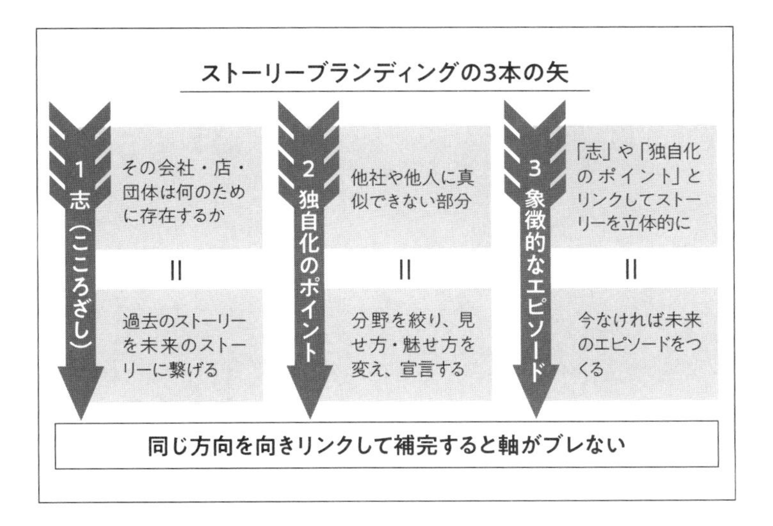

いくら「志」や「独自化」のストーリーがよくできていても、「エピソード」に乏しいと、あなたの会社の魅力が十分に発揮されない可能性があります。

またそれぞれの矢が同じ方向を向き、矛盾なく、お互いリンクして補完しあっていることが理想です。そうすることで「3本の矢」はちょっとやそっとでは折れない最強のストーリーを構築するからです。

そうなると、会社や店の軸ができブレません。お客さん、従業員、地域からも「何を目指す会社で」「どんな特徴があり」「日々どのような活動をしているのか」ということがとてもわかりやすくなります。

たとえば、何か「未来のエピソード」になるようなアイデアを思いついたとしても、それが「志」「独自化」の矢と相反するものであれば、捨てる勇気も大切になります。長い目で見れば、実施しない方がよい結果をもたらす可能性が高いからです。

34

「ストーリーの種」の見つけ方・植え方・育て方

さてこれまで、「なぜストーリーが必要か」「ストーリーの黄金律」「ビジネスで物語を使うことのメリット」「ストーリーブランディングの三本の矢」など、主に「物語で売る」ための理論的な部分について紹介・解説してきました。

実際に、商品を「物語で売る」ためには、まず実行しなければならないことがあります。それはその商品や会社のことを徹底的に「知る」ことです。商品であれば表面的なスペックだけでなく、商品を構成する素材が持つエピソードまで注目してください。

「商品」を人に見立ててインタビューしてみるのもいいでしょう。「出身地は?」「生年月日は?」「小さな時の思い出は?」「母親や父親はどんな人?」「長所と短所は?」「一番熱中したことは?」「趣味は?」「尊敬する有名人は?」「初恋の人は?」「座右の銘は?」など、いろいろ質問して、自分が商品や会社になりきってその質問に答えていくのです。

自問自答しているうちに その商品のキャラが見えてくるし、意外な発見があるかもしれません。インタビュー役と商品役と別々の人間で実行するとよりいいですね。さらに商品の開発者・製造者・営業担当者・販売員・お客さんなどに話を聴きにいきましょう。生産・製造・販売など現場で「物語の原石」が発見されることはよくあります。

会社を「物語で売る」場合も同様です。創業から現在に至るまでのヒストーリーを徹底的に調べましょう。創業者や経営者自身の生い立ちにもヒントがあることが多いです。直接話を聞ける関係者がいればじっくりインタビューしましょう。

とはいえ、このようにインタビューやリサーチを重ねても、「物語の原石」が発見できないこともあります。また法則4で述べたように、「物語の原石」が発見しにくい業種もあります。そんな時は、今からでも「ストーリーの種」を植え、じっくり育てることを目指しましょう。やがて芽が出て花が咲き、甘い果実を手に入れることができるかもしれません。

過去や現在に「物語」がないのであれば、未来に向けて「物語」を育てましょう。

次章では「ストーリーの種」の植え方・育て方のヒントになる実例を紹介していきます。紹介する会社やお店を他業種の特別な事例だと思わずに、ぜひ自分の会社やお店に応用することを考えながら読み進めてみてください。もちろん実際に「種」をまかないと芽で出てくることはありません。ぜひひとつでもいいので「ストーリーの種」を植えてみてください。

その際、すぐに芽が出ないからと諦めないことです。紹介する事例も、成功の陰に度重なる失敗があったケースも少なくありません。芽が出るまで何度でもチャレンジしてみてください。

CHAPTER

4

「ストーリーの種」の植え方・育て方

35

お客さんを特定の層に絞る

誰にでも売っていた商品を、特定の需要を持つお客さん向けに絞って売ることで、ストーリーが生まれ、その商品が唯一無二の存在になれることがあります。

石川県にあるパン工場直販店「アレルギー対応パンのtonton」は、工場併設の店舗にもかかわらず、普通のセルフのパン屋のように「焼きたてパン」を店頭に並べていません。袋に入れられて販売されています。

にもかかわらず、他県からも人が押し寄せ、中には大量にパンを買っていく人もいます。それでも店舗での売上の割合は少なく、ネット販売や保育園などからの直接購入の割合の方が高いといいます。それらのパンは冷凍で販売されています。

そこまでしてこのお店からパンを買いたくなる理由は何でしょう？

実はこのお店は「卵」「牛乳」「ナッツ」類を使わないパンの専門店なのです。買っているのはそれらのアレルギーを持つ子供がいる家庭や施設。

オーナーの井藤修さんは、もともと横浜の有名店で修行したのち、石川県でパン屋をオープンさせました。都会風のおしゃれなパンを提供したら田舎では売れるだろうという目論見はものの見事にはずれ、当初はまったく売れず大量に売れ残る日々が続きました。そんな中、「お客様がどんなパンを食べたいか」を追求し商品づくりに舵を切るようになります。

ある日、お客さんから「卵と乳製品を使っていないパンをつくってもらえないか？」というリクエストがありました。小学生の娘がアレルギーで困っているというのです。
そこで、おそるおそる卵と乳製品を使わないコッペパンをつくって食べてもらうと、女の子は「おいしい」と満面の笑顔。

この出来事をきっかけに、アレルギーの子供でも食べることのできるパンをつくるというコンセプトが生まれました。卵や乳製品を使わずにおいしいパンを作るには試行錯誤の連続でしたが、やがて見た目は普通でも食べるとビックリするほどふわふわでおいしいアレルギー対応のパンがつくれるようになりました。
その後、卵・乳製品・ナッツ類を一切持ち込まないパン工場をつくることになり、アレルギー対応パン専門店をオープンしました。今では、全国から注文が入るようになり、売上は以前の何倍にもなりました。また、毎日のようにお礼の手紙やメールが届くそうです。

このように普通のパン屋から卵・牛乳・アレルギーの子どもを持つお客さんに絞ったことで、「独自化」に成功しただけでなく、「志」も生まれ、さまざまなエピソードも生まれるパン屋になったのです。

勇気を出してお客さんを絞ってみましょう。
そこから「魅力的なエピソード」が生まれ、ストーリーになっていくかもしれません。

36

お客さんの性別を絞る

前項に続き、お客さんを絞る方法ですが、ここでは「お客さんの性別」を絞ることで魅力的な「ストーリー」を生み出した事例をご紹介します。

会員の性別を女性だけに絞ることで大ヒットしたアメリカ発祥のフィットネスクラブが「カーブス」です。

創業者のゲイリーは13歳のときに母親を亡くしました。彼女はまだ40歳の若さでしたが、肥満体で高血圧と糖尿病を発症していたのです。そんなこともあり、ゲイリーは医学部の道を志しますが、やがて薬と治療だけでは自分の母親のような人は救えないと気づきます。「母のような人を救うには、正しい運動の習慣が不可欠だ」と考えるようになったのです。

運動する場所さえあれば、母のような人も生きていたはずだと、ゲイリーはフィットネスクラブを立ち上げますが失敗します。

そもそも、昔の母のように運動が苦手で体型にコンプレックスがある中年女性は、フィットネスクラブには来てくれないことがわかりました。その理由を調べてみると、3つのものに行き当たりました。それが「Men（男性）」「Make-up（化粧）」「Mirror（鏡）」でした。

男性の目がイヤ。運動しに行くのにメイクする必要があるのがイヤ。鏡で自分の姿を見るのがイヤ。それがフィットネスクラブに来ない原因だったのです。

そこでゲイリーは「NO MEN」「NO MAKE-UP」「NO MIRROR」というコンセプトをうちたて、会員もスタッフもすべて女性のフィットネスジム「カーブス」を立ち上げました。

カーブスには、一般的なスポーツジムにあるようなロッカーやシャワー室もありません。スタジオもないので鏡はありません。筋力トレーニング・軽めの有酸素運動・ストレッチを組み合わせ、わずか30分でワークアウトできる、でも健康効果のあるフィットネスにしました。カーブスではフレンドリーなコーチがいつもやさしく声をかけてサポートしてくれます。

この斬新なコンセプトは瞬く間に大ヒットします。わずか6年で全米500店以上に増えました。さらにアメリカだけでなく、世界中に広がったのです。日本では特にウケて、全国47都道府県に1900以上の店舗があるといいます。

他にも女性専用のサービスをうたっている店は数多くあります。

一方、男性専用の美容室・ネイルサロン・脱毛サロンなど、男性向けの美容系サロンも人気です。まわりの人の目が気になるので、男性専用の方が行きやすいのです。また男性用のメークアップ用品やブラジャーなども売れているといいます。

あなたの店や商品が対象とするお客さんの性別を絞れないか考えてみましょう。

そこから「魅力的なエピソード」が生まれ、ストーリーになっていくかもしれません。

37

一品に絞って専門店になる

専門性をつきつめて商品を一品に絞った専門店になることで、「魅力的なエピソード」が生まれ、ストーリーになっていくことがあります。

一般的にパン屋は、数多くの種類のパンを揃えて売っています。そんな中、クリームパン一品に絞ることで広島の小さな町から全国に進出したパン屋が「八天堂」です。

もともと昭和初期に和菓子屋として創業されましたが、三代目の現社長森光孝雅さんの時に、パン屋に業態転換します。地元広島でベーカリー13店舗を展開しましたが、無理な拡大で倒産寸前の経営危機を経験します。このままでは未来がないと社長が考えたのが、これはという「一品」に絞った「目玉商品」をつくることでした。同じ街の和菓子屋が、「マスカットを求肥でつつんだ和菓子」という目玉商品一品に絞ってデパートに進出し、大成功したことに刺激を受けたのです。

そこから、試行錯誤が始まりました。やがて「口どけ」というキーワードにたどり着きます。

一般的にパンは噛めば噛むほど甘みや味わいが出てくるものです。今までのパンではタブーだった「口どけがいいパン」をスタンダートな商品で実現させようと思いつき、行き着いたのがクリームパンでした。しかしそこからがまた試行錯誤の連続。

「口どけがいい」を実現するために、焼いたパンに後からクリームを充填しようとしますが、なかなかうまくいきません。どうしてもはみ出してしまうのです。

試作品を廃棄するのはもったいないと、冷蔵庫に入れて従業員がおやつとして食べていましたが、それが新しい発見に繋がります。冷蔵庫に入れておくことで、パンとクリームが一体化した「しっとり感」が出ることがわかったのです。

さらに小麦粉に薄力粉の割合を増やすことで、クリームがはみ出る問題は解決しました。こうして、目指していた口どけのいい「くりーむパン」が誕生したのです。試験販売をしてみるとどこでも大好評で売れていきます。

その結果を見て自信を深めた森光さんは、それまで100種類以上製造していたパンを「くりーむパン」一品に絞ろうと決意しました。もちろん、社内外から反対や不安の声は多く上がりましたが、森光さんの信念はブレませんでした。

こうして、「くりーむパン」一品に絞るという「売り方」に変えた途端、商品は瞬く間に大ヒット。お店でも広島のデパートでも飛ぶように売れました。やがて東京へ進出。広島からできたての商品を空輸し、テスト販売したどの場所でも驚異的な売上をあげます。テレビで芸能人が紹介することも増えて、ますます認知度が上がっていきました。こうしてどんどん店が増えていきました。今やこの「くりーむパン」のお店は、日本全国はもちろん、シンガポール、香港、カナダなど海外にも進出しています（2023年３月現在）。

あなたが売ろうとしている商品の種類を減らして「一品」に絞りましょう。ストーリーが生まれるかもしれません。

38

商品を絞って訴求する

前項の例は商品を絞って専門店になるという方法でしたが、お店自体は変わらなくても、訴求する商品を絞ることで、「魅力的なエピソード」が生まれ、ストーリーになっていくことがあります。

神奈川県葉山町にある「げんぺい商店」は、元々、ビーチサンダル、浮き輪、虫取り網など季節の商品が並ぶ小さな「よろず屋」でした。特にビーチサンダル（ビーサン）の種類の多さは特筆すべきものでした。近くに企業の保養所などがたくさんあるので、その要望に応えているうちに種類が多くなったのです。また履いて疲れないようにするために、細部にこだわってつくられていました。

しかしビーサンを扱うのは夏場だけ。冬場は肌着・靴下・ストッキングなどの衣料品や日用品を扱う万屋になります。海の近くの商店街であればどこにでもあるようなお店でした。全国の小さな小売店の多くがそうであるように、げんぺい商店も特に繁盛しているわけではなく、ゆっくりと下降線を描いていたのです。近くの住民からは「あの店で買い物するのは恥ずかしい」とまでいわれるようになりました。

1990年代後半に店長になった中島広行さんは「近くの人が来てくれないのなら、遠くの人に来てもらえるような店にしたらどうだろう？」と考えました。ですが、わざわざ遠くから来てもらうにはそれなりの価値がある店になる必要があります。

そして行き着いたのが「ビーサン」という答えでした。自分が最初にお店に入った時に、「へぇ〜ビーサンってこんなにサイズがあって種類があるんだ」と感動したことを思い出したのです。職人かたぎの先代が、こだわってコツコツと増やしてきたビーサンを、「もっともっと世の中に知ってもらいたい」と思ったのです。

中島さんは、「どうせ落ち込んでいくだけなら、自分の好きなことをやってやる！」と開き直り、「そうだ！　ビーサン専門店になろう」と決意するのです。「もともと、夏の主力商品だけど、これだけのクオリティのビーサンがあるのだから、冬にだって売れるかもしれない」と考えたのです。

2001年、ビーサン専門店としてホームページを立ち上げ、ネット販売を始めました。ソールと鼻緒の色の組み合わせを自由に選べるようにしたことが特徴です。

ビーサン専門店という物珍しさもあって、半年で800足近くがネットで売れました。お客さんは全国に広がっていました。また不思議なことに、ネット通販で買ったお客さんは、お店も見たくなるらしく、遠くのお客さんがお店に来てくれるようになったのです。

さらにホームページを見た、新聞、雑誌、ラジオなどから取材依頼が入ってくるようになります。さらにさまざまな企業やプロスポーツチームとのコラボビーサンの依頼も相次ぐようになり、げんぺい商店のビーサンはブランド化されていったのです。

勇気を出して商品を絞って訴求しましょう。

そこから「魅力的なエピソード」が生まれ、ストーリーになっていくかもしれません。

39

用途を絞る

同じ商品であっても「○○専用」と銘打つことで、「ストーリー」や「エピソード」が生まれることがあります。

徳島県にある「小林ゴールドエッグ」は、さまざまな専用卵を販売することで他の卵販売会社とは一線を画す存在になっています。

３代目の現社長小林真作さんは、大学を出て大手食品メーカーに勤めていましたが、父親が病死したため従業員約30人の卵卸売会社を急遽継ぐことになりました。当初は取引先のスーパーへの販売に依存していて、その売上に業績が上下してしまっていました。

このままでは自社の未来はないと、卵の研究を重ねました。当初はどんな料理にもあう「究極の卵」を開発しようとしました。しかし取引先の飲食店から言われた言葉で目が覚めたといいます。

「いろいろな業者が『うちの食料はいいです』と売り込みに来るけど、どんなメニューがあるか聞かれたことはない。料理によって会う卵は違ってくるはず」

本来、店のメニューを知った上で商品を提案すべきなのに、「いい卵だから」と一方的に売っていたことに小林さんは気づいたのです。

そこで料理別の卵を販売しようと思い立ちます。社員たちとともに料理ごとに数十種類の卵を使って香り、味、食感、色の４項目について採点し、２年間かけてデータを蓄積していったのです。小林さん自身、大手食品メーカーでは研究職についていたこともあり、このような研究開発が苦にならなかったといいます。

もともと12の契約養鶏場をもち、業務用・家庭用を含め70種類以上の卵を取り扱っていたことが功を奏しました。その結果、生でご飯にかけておいしいのは濃厚な卵、加熱してふわふわになるのは白身の割合が多く食感の柔らかい卵などの特性がわかるようになりました。

そして「卵かけご飯専用」「オムレツ専用」などの卵をデパートやスーパーなどで販売。普通の卵より割高にもかかわらずリピーターがつくようになります。

他社も追随してきましたが、専用料理の数を増やし鶏の品種や日齢を限ったり、餌を変えたりするなど、品質の向上につとめました。その結果「親子丼・カツとじ専用」「たまごやき・だしまきたまご専用」「温泉卵専用」「カルボナーラ専用」など同社が扱う83種類の卵のうち16種類が料理別となっています。

また一般向けのネット販売でも５種類の卵がセットになった「初めてのソムリエたまごセット」など含め19アイテムを提供して好調な売上になっているとのことです。

また、小林さん自身も「卵ソムリエ」と名乗り、ブログなどでさまざまな「ストーリー」を発信しています。

用途を絞ってみましょう。

そこから「魅力的なエピソード」が生まれ、ストーリーになっていくかもしれません。

40

時間帯や季節を絞る

時間帯や季節を絞った商品を売り出すことで、「魅力的なエピソード」が生まれ、ストーリーになっていくことがあります。

2002年、缶コーヒー業界で衝撃的な事件が起こりました。アサヒ飲料による朝専用の缶コーヒー「ワンダ モーニングショット」が発売されたのです。

それまで各社が、コーヒーの豆や製法など「味」を競いあってきた中で、「朝」という限定された「時間」を「ウリ」にしてきたからです。「朝専用」と限定したにもかかわらず「モーニングショット」は異例のヒットを記録。現在もまったく同じコンセプトで売れ続けています。

当時、ワンダは、缶コーヒーブランドで5位のポジションに甘んじていました。そこで缶コーヒーの価値を見直すことから始めました。その結果、「朝の眠気ざまし」「始業前に気合を入れる」という飲み方が多いことがわかります。そこから「朝専用」というキーワードが生まれ、ヒットに繋がったのです。

季節を限定することで価値を生み出しヒットに繋げるという手法もあります。

1998年、日本初の季節限定ビール「サッポロ 冬物語」が発売されました。当時、ビール各社の競争が激しく夏の販売が頭うちの中、需要が落ち込む冬に向けて限定商品を出そうというアイデアが生まれ、シェイスクピアの戯曲『冬物語』からネーミングされました。このビールもロングセラーとなり、リニューアルしながら今でも売られています。

どちらの商品も、もちろん中身は、その時間帯や季節にふさわしいものになってはいます。しかしながら、知らずに飲んで違いがわかる人は少ないでしょう。

商品をつくっている方々には失礼を承知で極端ないい方をすると、それまで売れなかったブランドが中身をほとんど変えることなく、「朝専用」と時間帯を絞ったり、「冬季限定」と季節を絞ったりすることで、新たな感情的な「価値」を生み出し売れるようになったとも言えます。

キャッチコピーで時間帯を絞ったことで大ヒットした商品もあります。浜松銘菓「うなぎパイ」です。

1961年に発売され、70年代・80年代と「夜のお菓子」というキャッチコピーで大ヒットしました。「忙しい家族がそろう夜の一家団らんのひとときにみんなで食べてほしい」という意味でつけたといいますが、当時の浜松の夜の繁華街は全国屈指と呼ばれ賑わっていた時代だったこともあり、うなぎと結びつけて精力増強的なニュアンスで広まってしまいました。

もちろん「うなぎパイ」という商品自体がおいしかったことはいうまでもありませんが、このキャッチコピーがなかったら、ここまで有名なお菓子にはならなかったかもしれません。

時間帯や季節を絞りましょう。ストーリーが生まれるかもしれません。

41

商品の定義を変える

商品の定義を変えることで、今まで普通だった商品が急に輝き出すことがあります。

売り手がその「価値」に気づかず、お客さんがいってくれたひと言によって、その商品の定義が変わった例をご紹介しましょう。

東京・新橋にある老舗和菓子屋・新正堂の名物は「切腹最中」です。開いた皮からあふれでるようなあんが特徴的です。1日数千個も売れるという大ヒット商品で、今では大手百貨店や羽田空港のお土産店にも置かれるようになっています。特にビジネスパーソンによく売れます。

この商品、もともとは三代目店主渡辺仁久さんの、日持ちするお菓子で新橋らしい名物をつくりたいという思いから生まれました。従来の最中をすべて見直し、3年かけて自信作が誕生しました。「切腹」という物騒な名前がついているのは、お店がある場所が「忠臣蔵」で有名な浅野内匠頭が切腹をしたお屋敷の跡だということから思いついたものです。

ただし、このネーミングは家族から「縁起が悪い」と大反対されました。新生堂は近くの病院のお見舞いに買っていくお客さんが多かったからです。それでも渡辺さんは、切腹というインパクトがある名前が諦めきれず、数年かけ家族を説得し販売にこぎつけます。

しかし、味や見た目には自信があるのにまったく売れません。

潮目が変わったのは、ある証券会社の支店長との会話がきっかけでした。

部下が客に数千万の損失を与えたことを謝りにいく時の手土産を探しているという支店長に、店主は、「『自分の腹は切れませんが、代わりにこちらのお菓子が腹を切っております』と謝ってみては？」と切腹最中を薦めました。

もちろんシャレのつもりだったのですが、その支店長は本気にし、謝罪用の手土産として「切腹最中」を買っていきました。そして１週間後に再来店し「いわれた通りに謝ったら笑って許してくれたよ」と報告してくれたのです。

さらにこのエピソードを聞きつけた新聞記者から取材があり「兜町の証券会社で大人気。謝罪用の手土産に切腹最中」という記事になりました。

ちょっと変わった「普通のお菓子」から、「謝罪用の手土産」という新しい定義が生まれた瞬間でした。そのお蔭で「切腹最中」は大ヒット商品になりました。

あなたが売っている商品の定義を変えてみましょう。

そこから「魅力的なエピソード」が生まれ、ストーリーになっていくかもしれません。

42

場所の定義を変える

商品の定義を変えるのと同じように、場所の定義を変えるという方法があります。

日本には数多くのスキー場がありますが、スキー人口の減少とともに、その多くは経営に苦しんでいます。そんな中、「場所の定義」を変えたことで、復活をとげたスキー場が北海道小樽市にある「スノークルーズオーンズ」です。

札幌からも小樽からも近く、石狩湾の絶景をのぞみながらスキーができるという好立地です。ただ規模が小さく、リフトがたった２本しかないため、滑り応えがありません。周辺は大規模スキー場が立ち並ぶ超激戦区です。利用者は減り続け、最盛期の半数になり、2012年に廃業が決まりました。

存続を希望するスキーファンによる署名活動が行われる中、スキー場再生で知られるマックアースが経営権を取得し、復活に乗り出すことになりました。その時、最初に決まったのが「スキー場の定義を変える」ということでした。

規模が小さく、スキー場としての魅力は他に負ける。

そこでその場所を新たに定義しなおしました。それが「スキーのできるスポーツジム」です。

札幌、小樽の市街地から車で約30〜40分で来られるという好立地を生かして、フィットネスジムに行く代わりに来てもらおうというもの。

それに合わせて料金を思い切って値下げしました。今までは４カ月分のリフトシーズン券が６万円でしたが、それではジムとして高い。１カ月５千円の計算で逆算し２万円のリフトシーズン券を販売したのです（金額は当時）。1/3という大胆な値下げです。

そして「スポーツジムに行くより安い。健康のためにぜひ」と訴えました。

他にも初心者コースの増設・無料送迎バスの増便・19歳のリフト券を無料にするキャンペーンを実施した結果、復活１年目で来場者数はなんと前年の倍近くになったのです。

リフト料金は下げていますが、いろいろな工夫で飲食店やレンタルの利用が増えたことで、売上は５割増になりました。また、翌夏は、ゲレンデに約30万株のユリを植栽した「オーンズ春香山ゆり園」を開園し、スキー以外の入場者増に繋げました。

2022年夏には「ONZE OUTDOOR PARK」と題したキャンプ場をプレオープン。2023年夏から正式オープンされる予定です。

場所の定義を変えてみましょう。

そこから「魅力的なエピソード」が生まれ、ストーリーになっていくかもしれません。

43

マイナスを武器にする

普通に考えるとマイナスと思われるような部分にこそ、売れ続けるためのストーリーが潜んでいることが多々あります。

北極圏から北200キロに位置するスウェーデンの小さな村、ユッカスヤルビ。1980年代までは何もなく、冬は氷と雪に閉ざされ、寒くて暗いだけだったこの村が、今や、年間約7万人の観光客が訪れる（2019年）スウェーデン有数の観光地になっています。

観光客の目的はアイスホテル。その名の通り全館まるごと氷でできています。世界中から選ばれたアーティストにより氷による家具や彫刻がつくられ12月に部屋は完成。そして4月になりあたたかな季節を迎えると溶けてなくなります。

アイスルームでは氷のベッドの上にトナカイの毛皮が敷かれ、その上で寒冷地対応の寝袋に入って眠ります。不思議なことにトナカイの毛皮が1枚あるだけで氷の冷たさは感じないそうです。

元々は日本の氷彫刻をヒントに1989年に誕生しました。それ以来どんどん規模が大きくなり、その幻想的な部屋に泊まりたいという思いで、世界中から観光客が押し寄せるようになったのです。

暗く寒い冬というマイナスを、最高の武器に変えたこの発想は、世界で最も成功した観光地のビジネスモデルとさえいわれています。

同じように、極寒の地でありながら冬に観光客が数多く訪れる場所が日本にもあります。それが北海道北見市にある「北の大地の水族館」です。

都心部から遠い山の上で淡水魚しかおらず、冬はマイナス20℃という極寒の場所なので、冬季にそんな水族館に訪れる人などおらず、以前は冬季は閉館していました。

しかし2012年にリニューアルオープンすると1年間で30万人もの人が訪れる人気水族館になりました。なぜでしょう？

それはこの水族館に「世界初」があるからです。それが「凍る水槽」です。

屋外に北海道の川を再現した「四季の水槽」があり、冬季は文字通り完全に凍ってしまいます。普通であれば水族館にとっては最大の弱点です。しかし北の大地の水族館では凍った水面の下で活動する魚たちの様子を観察できるようにしたのです。北海道の自然の河川そのままに、凍った水面の下で魚がどんな風に活動しているか興味がそそられます。観光客は「凍る水槽」見たさに、真冬のその時期にわざわざやってくるのです。

一見マイナスと思われるような部分にスポットをあててみましょう。

そこから「魅力的なエピソード」が生まれ、ストーリーになっていくかもしれません。

44

名前をつけて定義を変える

前項と少し似ていますが、今まであまりいいイメージではなかったものに新しい名前をつけて定義を変えることで、新しいストーリーが生まれることもあります。

「工場夜景」という言葉を聞いたことがあるでしょうか？

ブームの先駆けとなったのは神奈川県川崎市の湾岸部にある工業地帯。かつては公害の象徴であった湾岸部の工業地帯ですが、その機能美がマニアの間で話題になっていました。特に夜に見る工場はSF映画のようで、幻想的ですらあります。

2000年代半ば頃からそのような工業地帯の夜の風景のことが「工場夜景」という言葉で呼ばれるようになります。

それを受けて川崎市では、「工場夜景クルーズ」が実施され、その後、はとバスでもツアーが組まれ、なかなか予約が取れない人気コースになりました。

2011年、川崎市で、北海道室蘭市、三重県四日市市、福岡県北九州市が加わり「第1回全国工場夜景サミットin川崎」が開かれました。2023年現在では、山口県周南市、兵庫県尼崎市、静岡県富士市、千葉県千葉市、大阪府堺市、大阪府高石市、千葉県市原市、愛知県東海市が加わり「全国12大工場夜景都市」として売り出そうとしています。

いずれの都市も、観光という意味では、ほとんど注目されていなかった街です。その中でもマイナスのイメージが強かった湾岸工業地帯をプラスに変えることで観光資源にしたのです。

福島県の会津鉄道は、廃止が決まっていた国鉄の路線を、第三セクターとして引き継いだ鉄道会社です。利用者は年々減少傾向だったことに加え、東日本大震災で大きな打撃をうけました。

そんな中、いろいろなアイデアで少しでもお客さんを増やそうとしています。

「お座トロ展望列車」もそのひとつ。窓ガラスを取り外し、会津の自然がたっぷり展望できる列車です。ただひとつ問題がありました。山岳地帯を通るのでトンネルが多いことです。その間、景色は楽しめませんし、暗闇と騒音を怖がる子供もいました。

そこでトンネルの中でも乗客に楽しんでもらうことはできないかと考えたのが、暗闇の壁をスクリーンに見立て、映像作品を上映するというアイデアでした。トンネルを通過する間、車両の天井に取り付けたプロジェクターから両壁に子どもたちが楽しめるショートアニメを映すことにしたのです。題して「トンネルシアター」。

真っ暗でうるさいだけだったトンネル区間が、どんなアニメーションを見ることができるかを楽しみにするという時間になりました。2013年から始めたこのサービスは好評で、これを目当てにやってくる観光客も増えました。トンネルが多いというマイナスを、一番の売りに変えることができました。

一見マイナスと思われるようなものに名前をつけて定義を変えてみましょう。

そこから「魅力的なエピソード」が生まれ、ストーリーになっていくかもしれません。

45

顧客のイメージを変える

顧客のイメージを変えることで、新しいストーリーが生まれることもあります。

第二次世界大戦後すぐに本田宗一郎が浜松で起業したホンダは、オードバイメーカーとして発展をとげていました。1958（昭和33）年、スーパーカブC100を発売。日本国内で大ヒットします。日本での成功を受け海外進出をもくろんだホンダは、アメリカに照準をあわせ59年にアメリカン・ホンダ社を設立します。

当時、アメリカでは移動手段として既に自動車が一般的になっていました。バイクは年間６万台しか売れず日本の10分の１程度の市場で、しかもそのほとんどがハーレーダビッドソンなど500cc以上の大型車でした。

アメリカン・ホンダも、当初は大型バイクを売ろうとしましたがまったく売れません。しかし意外にも小型のスーパーカブが売れます。そこで、61年からスーパーカブに販売の主力を切り換え、62年には年間４万台を売り上げるまでになりました。

しかし、まだまだバイクはマイナーな乗り物でした。そこで、アメリカン・ホンダは翌63年の売上目標を一気に５倍の年間20万台に設定し、かつてないほどの大規模な広告キャンペーンを実施することになったのです。

採用されたのが「バイクに乗る人のイメージを変える」というコンセプトでした。

当時、アメリカ人にとってバイクといえば大型バイクのことで、「革ジャンを着たアウトローたちの乗り物」というイメージでした。それを一般の良識ある人たちの乗り物であるという風に大きくイメージチェンジさせるためのコンセプトだったのです。

YOU MEET THE NICEST PEOPLE ON A HONDA
「一番素敵な人たちが乗るホンダ」

というキャッチコピーが採用され、ポップでカラフルでなイラストで、老若男女の良識ある人たち、いわゆるナイセストピープルが、いろいろな目的でスーパーカブに乗る姿が描かれました。

これらの広告は『ライフ』『ルック』『ポスト』『プレイボーイ』などの一般雑誌に掲載されました。当時、バイクの広告がこのような雑誌に登場するのは異例中の異例だったのです。

このキャンペーンによってそれまでまったくバイクに興味が無く、むしろ嫌悪感を抱いていた一般人に、日常の暮らしに密着した手軽な乗り物としてのバイクを認識させました。またホンダという名前を一躍アメリカ中に広めたのです。

この「ナイセスト・ピープル・キャンペーン」により、スーパーカブは、誕生日やクリスマスのプレゼントにも選ばれるほどの大ヒット商品になりました。

今までと違う顧客をイメージしてみましょう。「魅力的なエピソード」が生まれるかもしれません。

46

体験を売る

あなたの会社やお店が提供している「商品」「サービス」そのものを売ろうとしてもなかなか「ストーリー」は生まれません。
そんな時、その「商品」「サービス」を利用した時に得られる「体験」をしてもらうことでストーリーが生まれ、結果として商品が売れることがあります。

埼玉県にある光学機器メーカー「ビクセン」は、特に天体望遠鏡で国内シェアが高く、世界的にも有名です。ただ天体望遠鏡の市場は、ここ数十年ずっと縮小傾向でした。1986年のハレー彗星接近以降、一般人の宇宙への興味が薄れ、天体ファンは中高年の男性に限られるようになっていたからです。大手光学機器メーカーもアマチュア天体望遠鏡の市場からは相次いで撤退していました。
そんな中、ビクセンは自社商品を通して得られる体験を積極的に売っていくことで、新たな市場を獲得して売上を増やしています。

ビクセンが行ったのはまず若い女性に狙いを定め、野外ライブに出店して双眼鏡で星空を見る体験をしてもらうことでした。誘い文句は「昼はライブを夜は星を見てみませんか？」というもの。天体には興味がないかもしれないけれども、星空には絶対に興味を示すはずと考えたからです。
双眼鏡で天体観測？　と思うかもしれませんが、実は月のクレーターなども観察でき、肉眼で見るのとはまったく違う夜空を見ることができます。実際、ライブの後に、双眼鏡で夜空を見た若い女性たちの反応は「双眼鏡でこんなキレイに星が見えるなんて思わなかった」ときわめてよかったのです。

そこで女性用に特化した双眼鏡を開発することにしました。持ちやすいコンパクトボディでカラフルな５色を揃えた「宙ガールシリーズ」の双眼鏡です。星空ファイバークロス、使いこなしハンドブック、オリジナルMOON MAPなど、星空を身近にする付録がつき、さらに、収納ポーチ、ストラップなどが付いて8000円弱という手頃な値段設定にしました。

この「宙ガールシリーズ」の双眼鏡は、業界の常識を覆すほどの驚異的な売上を記録し、大ヒット商品になりました。まず「星空を見る」という感動体験をしてもらうと、営業トークをしなくても自然とモノが欲しくなるのです。そしてさらに星への興味が深まると、本格的な天体望遠鏡も欲しくなっていきます。

言い換えると、「ビクセン」は「天体望遠鏡をつくる会社」から「星を見せる会社」に変貌をとげました。未来がないと思われていた市場は、たった数年で宝の山が広がる市場へと変化したのです。

体験を売りましょう。そこから「魅力的なエピソード」が生まれ、ストーリーになっていくかもしれません。

47

バックステージを売る

前項の「体験を売る」に似ていますが、バックステージ（裏側）を見せるという手法があります。バックステージを見せることでストーリーが生まれる可能性があります。

神奈川県藤沢市にある新江ノ島水族館では毎年、子供限定で夜の探検隊、「お泊りナイトツアー」を実施していました。2004年から続いていたイベントで、普段見られない夜の水族館を体験できるということで大人気です（コロナ禍の2020-22年は休止）。普段見られない部分を見ることができるという体験は、ドキドキしますし、特別感や優越感を得られます。

これは他の業種でも応用できます。

飲食店ならば厨房や倉庫、製造業ならば工場やつくっている現場などを、お客さんに見てもらうのはどうでしょう？　お客さんが普段見られない部分で、自分たちが商品やサービスにどのような「こだわり」を持ち、どれだけの「手間」をかけているかを知ってもらえるチャンスでもあります。

それを知ったお客さんは、きっとあなたの会社やお店のファンになるでしょう。

大手ハンバーガーチェーン「マクドナルド」では「マックアドベンチャー」という名前で、子供たちを厨房に案内するという探検ツアーを長年続けています。

　開店中が難しければ、江ノ島水族館のように、閉店後の夜に実施してもいいでしょう。
　たとえば、デパートや書店などで夜の探検隊を募集してみてはどうでしょう？　優良顧客を招待し、誰もいない空間を貸し切りでショッピングしてもらうのです。デパートは普通夜７～８時くらいで閉店してしまいます。閉店後のデパートに入ったことがある人は限られているでしょう。優越感とワクワク感でけっこう買い物をしてくれるのではないでしょうか？

「いや、うちは普通のオフィスだから」という場合でも工夫次第で可能です。
　お客さんに見せるのは無理という場合でも、たとえば社員の子どもたちの会社見学ツアーを実施するというのはどうでしょう。お父さんがどんな場所で働いているのか知らない子どもたちの方が多い。そんな子どもたちに普段働いている場所を見せるのです。職場のパパ・ママがカッコイイと思わせる仕掛けをつくれば、社員のモチベーションが上がりますし、そこからいろいろなストーリーが生まれます。
　物理的な裏側ではなく、ブログなどを使って、商品開発の裏側、会社の裏側、また業界の裏側などを見せるのもストーリーを生みます。

「バックステージ」を売りましょう。会社、お店、商品の裏側を見せましょう。
　そこから「魅力的なエピソード」が生まれ、ストーリーになっていくかもしれません。

48

バーチャルな体験を売る

「体験」は何もリアルでなければならないとは限りません。バーチャルな体験であっても「ストーリー」を生み出すことがあります。

2020年春、新型コロナウイルスの流行により、いろいろな業種の会社が苦境にたたされました。重なる緊急事態宣言などの影響で人々が外出を控える中、バスツアーなどのパッケージ旅行が売上の大きな割合をしめていたバス会社はそれが顕著でした。

そんな中でストーリーを生み出した、四国の香川県に本社がある「コトバス」こと「琴平バス」の事例をご紹介しましょう。

琴平バスはリアルのバスツアーがすべて中止になるという大ピンチに陥りましたが、オンラインツアーを企画・実施することでお客さんを全国に増やすことができました。

オンラインバスツアーとは、自宅にいながらZoomを活用して観光スポットを楽しむ、新しい旅の形です。申し込むと、事前に「旅のしおり」と旅先の「特産品」が宅急便で届きます。ツアー当日、参加者は自宅にいながらオンライン上の仮想バスに乗り込み、添乗員さんの案内で自己紹介やクイズなどを交えながら目的地までの道中を楽しみます。仮想バスが目的地に着くと観光スポットをめぐり（動画視聴）ながら「特産品」を食べ、伝統行事などのイベントを見学するのです。現地のガイドさんを生中継で結んで会話もできます。またツアーの途中で立ち寄ったお土産店のおすすめの食品などはオンラインショップで購入可能です。

オンラインバスツアーを企画したのは「それまでの常連や応援してくれるお客さんとの繋がりの場を維持したい」「ツアー先の事業者やガイドたちの困窮を聞き、少しでも力になりたい、活躍の場を提供したい」という２つの思いからだったといいます。

当初「そんなバーチャルなツアーにお金を出して参加する人なんて本当にいるの?」という声も多かったのですが、実際にツアーが始まると、その予想は大きく覆されました。

まず「日本初のオンラインバスツアー」として多くのメディアに取り上げられ話題になります。

ここで参加者の満足度が低ければ、一過性の話題で終わっていたかもしれません。しかし琴平バスのオンラインバスツアーは予想以上の没入感で満足度が高かったのです。口コミが広がり、リピーターも増え大盛況になりました。

バスツアーには全国各地から数多くの参加者があり、さらにオンライン海外ツアー（ニュージーランド、英国、ロシア、オランダ、インド）なども企画していずれも盛況でした。

それまでバスツアーに参加するお客さんがほぼ地元民でしたが、オンラインにシフトしたことで、日本全国が商圏になり、世界に進出できる可能性さえ生まれたのです。

これは旅行業界に限りません。いろいろな業種で応用できます。

オンラインやバーチャル空間での「体験」を売りましょう。そこから「魅力的なエピソード」が生まれ、ストーリーになっていくかもしれません。

49

体験そのものを商品にする

体験そのものを商品にする会社が増えています。

SOW EXPERIENCE（ソウ・エクスペリエンス）は、体験型ギフトカタログを専門に扱う会社です。結婚・出産・入学・就職などのお祝いやお返し、誕生日・クリスマス・母の日・父の日などのプレゼントに、「モノ」ではなく「体験」を贈ることができます。

体験のジャンルはまさにさまざまです。一般的に思いつくような、ディナー、エステ、クルージング、温泉、スポーツ、アウトドアアクティビティなどのような体験だけでなく、ファッションコーディネート、家事代行、遺伝子検査、人間ドック、農業体験、フライトシュミレーターなどの体験までギフトカタログに載っています。

このような商品は、自分ではなかなか買う機会がありませんが、人からもらうとちょっと嬉しいものです。

私自身も以前にこのギフトをいただき、フライトシュミレーターを体験してきました。こんな機会でもないと、わざわざ行くことはなかったと思うのでいい経験ができました。

仕事旅行社は、さまざまな職業体験を売る会社です。メインのコンテンツは、1時間から数日まである「職業体験」で、普段は関係者しか立ち入ることができない職場の裏側に旅行感覚で潜入することができます。普段やっている仕事とは違う職業を体験してみることで、自分軸を見つめ直す絶好の機会になり、モチベーションが上がります。また新しい視点を得ることもできるでしょう。

「仕事旅行」のサイトでは、たとえば以下のような「仕事旅行」が販売されています。

「二拠点居住のライターになる旅（１日）」「小さな民間図書館の館長になる旅（５時間）」「整体師になる旅（５時間半）」「作詞家になる旅（２時間半）」「野菜農家になる旅（６時間）」「歯科技工士になる旅（７時間）」「ホースセラピストになる旅（３時間）」「ロケーションコーディネーターになる旅（10時間）」「金属加工職人になる旅（５時間）」（2023年２月現在）

あなたもきっと１日ならば体験してみたい職業があるのではないでしょうか？

これらの会社の取り組みは、あなたの会社やお店にも参考になるはずです。

何か売るべき「体験」はないでしょうか？
あなたの会社やお店の仕事を体験してみたいという人はいないでしょうか？　また、それはいくらだったら売れるでしょう？
ぜひ考えてみてください。そこから「ストーリー」が生まれてくるかもしれません。

営業時間を変える

普通ならば、その時間や季節にはやっていないだろう、と思われる時に営業することで、「ストーリー」や「エピソード」が生まれることがあります。

台湾一の書店チェーン「誠品書店」は、今や本に限らずあらゆる生活用品やホテル・マンションなどにも進出している企業グループです。

誕生したのは1989年。当初は、建築やアート専門の書店でなかなか一般には受け入れられませんでした。しかし信念を曲げず、一店舗ずつ地道に展開していく中で、徐々に一定のシェアを獲得していきます。

潮目が変わったのが1999年３月。台北市の敦南店を24時間営業に切り換えリニューアルしたことでした。

都心の24時間営業の書店というコンセプトは大反響を呼び、台湾の若者の支持を得ます。お店が深夜のデートスポットになり、文化的ランドマークとなったのです。そこから誠品書店の快進撃が始まりました。

営業時間の変更は、BtoBでも力を発揮します。

兵庫県伊丹市にある老舗の畳屋TTNコーポレーションは、畳の需要低迷で長期低落傾向でした。そんな中で、社長が決断したのが24時間営業でした。夜に畳を預かり、朝までに張り替え終えるというサービスです。これが大ヒット。売上は何倍にも伸びました。

畳は張り替えたいけれど、お店は休みたくないという飲食店の強いニーズがあったのです。

逆に営業時間を少なくすることで、価値が上がり「ストーリー」が生まれることもあります。

栃木県日光市の住宅地にある「食パン専門店 利」の営業は、月2回の土曜日の朝だけです。しかし朝9時の開店前からお客さんの列ができ、100本以上の食パンが2時間たらずで完売してしまうという人気です。近くだけでなく、関東一円から広くお客さんが来ます。

「プレミアム食パン」は一斤1330円（2023年3月現在）とかなり高価です。そのぶん、素材はすべて吟味し卵も養鶏場まで行って仕入れるというこだわりぶりです。その結果、週6日を仕入れや仕込みに費やしているので、週1日の営業が限界とのことですが、これが毎日販売していたとしたら、ここまでの人気にはならなかったかもしれません。

常識だと思っている営業時間を疑ってみましょう。

そこから「魅力的なエピソード」が生まれ、ストーリーになっていくかもしれません。

51

提供速度を変える

提供速度を変えた商品を売り出すことで、「魅力的なエピソード」が生まれ、ストーリーになっていくことがあります。

1960年、アメリカのミシガン州イプシランティの学生街に、小さなピザ屋がオープンしました。そのピザ屋は小さく後発だったために、思い切ったコンセプトで勝負しました。

それが「熱々のピザを30分以内に届けます。間に合わなかったら50セント割引します」というものです。

そう、そのピザ屋こそ、後に全米に広がり、さらには日本を始め全世界95の国と地域の約2万の店舗で販売されることになる「ドミノピザ」です。

当時、ドミノよりもおいしいピザ屋はいくつもあったことでしょう。多くのピザ屋は「うちは石窯で焼いている」「こんな素材を使っている」などの味を訴求していました。そんな中、ドミノは「30分以内に熱々を届ける。間に合わなかったら割引」という「提供時間」を保証することで、売れに売れたのです。

一般的に提供するスピードを上げることが、商品の価値を上げると考えられています。

多くのECサイトもできるだけ速く届けることを目指してきました。その結果、翌日配送は当たり前になり、当日配送などのサービスも出てくるようになりました。

一方でそれが配送業者の負担を増大させるなどの社会問題に発

展しました。

そのアンチともいえるサービスも生まれています。それが「急ぎません。便」です。

ファッション系のECサイト「ロコンド」が2017年に導入したサービスで、3日以内に発送されるというもの。料金も翌日保証のお急ぎ便よりも100円安く設定しました。確かにそんなに急いでほしいわけではない物もあるわけで、ネットでは「以前から『あればいいのに』と思っていたサービスが生まれた」という声が上がりました。1年後の調査では再配達率がおよそ10％まで減少していて、運送会社の負担軽減に貢献しているといいます。

横浜市を中心に展開しているタクシー会社「三和交通」は「タートルタクシー」というサービスで、売上を大きく伸ばしました。タートルとはカメの意味。つまりタートルタクシーとは「ゆっくり走るタクシー」です。といっても、単純に法定速度よりもゆっくり走るという意味ではありません。後部座席にある「ゆっくりボタン」を押すと、ドライバーはいつも以上にゆっくり丁寧に加速して減速する運転をしてくれるというサービスです。

タクシーは一般的に急いでいるから乗るというイメージがあります。しかしあるお客さんから「もっとゆっくり走ってほしい」という要望がありました。それで100人のお客さんにアンケートを取ると、何と8割がゆっくり走ってほしいという意見でした。そこでこのタートルタクシーというサービスを導入したのです。その結果、指名の配車依頼が15％も増えたといいます。

提供時間を速くしたり遅くしたりしましょう。ストーリーが生まれるかもしれません。

52

時間の短さや長さを物語にする

商品名と時間を組み合わせて商品名にすると「エピソード」や「ストーリー」が生まれることがあります。

京都の三条会商店街にあるSweets Cafe KYOTO KEIZOの看板メニューは「10分モンブラン」です。名前の通り提供されてから賞味期限が10分というモンブラン。土台になっているサクサクした生地が時間経過とともに水分を含み、食感が変わってしまうからという理由です。
「賞味期限10分」という時間の短さから「儚すぎるモンブラン」とSNSで話題になり、開店前から行列ができるほどの人気になっています。

東京都青梅市に本社のある老舗タオルメーカー「ホットマン」の大人気商品が「１秒タオル」です。タオルを１センチ角に切り取った試験片を水に浮かべた時に「１秒以内」に水中に沈み始めるタオルのことをいいます。それだけ吸水力が高いということです。
「１秒タオル」は一般のタオルの８倍の吸水力で、ドライヤーにかかる時間を大幅に短縮できるのがウリです。実際の店舗でも、水とタオル片が用意されていて、本当に１秒で沈むかを実験できるようになっています。
これは、日本タオル検査協会による吸水性試験の方法ですが、自社でもこの試験を実施してみたところ、１秒以内に沈んだことから後付けでネーミングしました。もともと「1秒タオル」という商品を開発したわけではなかったのです。

日清食品が2022年4月に発売した「0秒チキンラーメン」は、異例の大ヒットを記録し、日経MJが発表する2022年上期ヒット商品番付にも選ばれました。本来はお湯かけ3分で食べるチキンラーメンを"そのままかじって食べる"用に、塩分を50%減らして開発されたものです。袋を開けてすぐ食べられることから、調理時間0秒ということからつけられたネーミングです。

元々、普通のチキンラーメンをそのまま生でかじって食べる人は一定数いたのですが、改めて「0秒チキンラーメン」という商品にしたアイデアが秀逸でした。

逆に、時間が長いことをウリにするという方法もあります。

カレー激戦区として有名な東京・神田で行われる日本最大級のカレーイベント「神田カレーグランプリ」で、2014年と2016年のグランプリをとったのは「100時間カレー」という店でした。

店名はもちろん100時間かけてつくるということに由来しています。メニューにも「100時間カレーが出来るまで」という工程表が載っています。実際に、最高ランクの黒毛和牛と20種以上のスパイス、9種の野菜・果物を使用し、100時間かけてつくっているとのことです。

100時間という名前が何ともインパクトがあります。味はもちろん、その店名のインパクトもあり、人気店となっています。

このように時間と商品名をかけあわせると、感情を揺さぶられるネーミングになり、ストーリーが生まれることがあります。

53

提供の方法を変える

同じ商品であっても提供の仕方を変えるだけで「ストーリー」や「エピソード」が生まれることがあります。

広島市の繁華街・銀山町にある「ビールスタンド重富」も「提供の仕方」を変えることでここにしかないオンリーワンの店になっています。

この「ビールスタンド」の営業時間は17時から19時のたった２時間。メニューはビールだけ。おつまみなし。立ち飲み。ひとり２杯まで。予約不可。

このような厳しいルールがあるにもかかわらず、開店前から長い行列ができ、途切れることはありません。30分待ちは当たり前です。しかも近隣だけでなく、北海道から沖縄まで日本全国からお客さんがやってきます。

ビールの中身が特別なわけではありません。どこにでも売っている大手メーカーの樽生ビールです。では何が他の店と違うのか？ それは注ぎ方です。

メニューには「１度つぎ」「２度つぎ」「３度つぎ」「マイルドつぎ」「シャープつぎ」の５種類が載っています。注ぎ方によって大きく味が変わるので、お客さんはその体験を味わいに来ているのです。

以前のメニューは「昭和」「平成」のサーバーの区別もされて

いました。昭和と平成は、サーバーの違いで、昭和サーバーは柔らかい泡、平成サーバーはもっちりとした泡を楽しめるとのこと。ちなみに表のメニューを楽しんでからしかオーダーできない裏メニューも４種類ありました。

同じビールという商品であっても、「注ぎ方」という「提供の仕方」を変えるだけでこれほど独自化できるということです。

この「ビールスタンド重富」は、戦前から続く「重富酒店」の一角にあります。本業は近隣の飲み屋街の流川地区の飲食店にお酒を卸すことです。営業時間が短く食べ物を提供しないのは、得意先の飲食店の営業妨害にならないように、ここで１～２杯だけ飲んで他の店に流れて飲食を楽しんでほしいからという思いがあるからです。

「うまいビールを注げばお客さんがたくさん集まる」という見本を示しつつ、地元・流川エリアの飲食店の活性化を第一に考えているというのもストーリーを感じますね。

提供の仕方を変えてみましょう。

そこから「魅力的なエピソード」が生まれ、ストーリーになっていくかもしれません。

54

「作業の様子」を売る

何かをつくっている作業の様子をアピールすることで、「ストーリー」や「エピソード」が生まれることがあります。

茨城県、霞ヶ浦の南に位置する稲敷市浮島地区は、かつては、霞ヶ浦に浮かぶ島だったということもあり、あたりは日本一のれんこんの産地です。

その中で注目されているのが「れんこん３兄弟」です。実際の３兄弟が起業した会社です。もともとれんこん農家の息子として生まれた３人ですが、中学教師、工場勤務など別々の職業についていました。

ある時、兄弟会議を開き「３兄弟一緒に農業に飛び込み力を合わせれば、何とかやれるのでは」と農家を継ぐことを決断。３兄弟そろって、両親の元で研修し、両親は稲作中心に、３兄弟はれんこん栽培に専念し、経理もそれぞれ分ける形で2010年に法人化したのです。

法人化することで、実家が農家でない若者の新規就農の受け皿になろうという思いもありました。実際に、農業未経験だった数名の社員を雇っています。

市場出荷や直売所に加え、都内を中心としたレストランなどの飲食店と直取引しています。和食だけでなく、イタリアン、フレンチといろいろなジャンルの店で取扱があるのが特徴です。遠く、三重のレストランとも取引があります。

人気の秘密は、れんこんの品質や味がいいのはもちろんですが、それだけではありません。それは、「れんこん３兄弟」のサイトを見ればわかります。

サイトには３兄弟や社員たちが農作業をしている写真や動画が数多く掲載されているのです。しかもそのクオリティが高いのが特徴です。 れんこんの栽培や収穫は過酷です。ほとんど機械化されておらず、寒空の下、腰より上まで沼の泥水につかり、手さぐりで水底の泥のなかに沈んでいるれんこんを収穫しなければなりません。

逆にいうと、写真や動画にするには、これほど絵になる農作業はありません。そんな写真や動画を見た人は、「れんこんって収穫するのがこんなに大変なんだ」と思うわけです。
そして、どうせなら「れんこん３兄弟」から買おうと思う人が多いのではないでしょうか？
極言すると、れんこん３兄弟は「れんこんを売っているのではなく、れんこんをつくっている人や農作業の様子を売っている」ともいえます。

これは何も農業に限ったことではありません。建設などの現場、工場、料理、販売など何であっても同様です。

作業の様子を紹介しましょう。
そこから「魅力的なエピソード」が生まれ、ストーリーになっていくかもしれません。

55

お店や会社を学校にする

お店を学校にすることで、「ストーリー」や「エピソード」が生まれることもあります。

郊外のあまり流行っていなさそうなフレンチレストランが、実は「料理教室で近所の奥様を集めて利益を生み出している」ということもあります。
これは何もフレンチレストランでなくても応用できます。

鮮魚店だったら、「おいしい魚の見分け方講座」「魚のさばき方教室」。
喫茶店だったら、「自宅でもできるおいしいコーヒーの淹れ方」。
書店だったら、「読書の楽しみ教えます会」。
リフォーム会社だったら、「こうすればリフォームは成功する！講座」。
司法書士事務所だったら「身近な法律講座」。
歯科医院だったら、「むし歯予防講座」。

などというイメージです。

実際、商店街全体を学校にするという試みが2014年に新潟の内野商店街でありました。当時、内野駅前にあったツルハシブックスが主体となって地元大学生と共に実施した「うちのまち　なじみのお店ものがたり」というプロジェクトです。

プロジェクトには「精米店」「美容院」「味噌醸造所」「カフェ」「自転車店」「珈琲販売店」「海産物店」などさまざまなお店が参加し、たとえば精米店であれば「お米の食べ比べ講座」、美容院であれば「頭皮にやさしいシャンプー講座」、海産物店では「ダシの飲み比べ講座」、自転車店では「30年乗れる整備の秘訣講座」などが実施されました。店主たちが長年の経験で培った、そのお店ならではのうんちくを熱く語り、お客さんに体験してもらうという講座です。

一般的に商店街の小さなお店は、なじみ以外のお客さんが入るにはとても勇気がいります。学生ならばなおさらでしょう。

しかしそうやって商店街の店主のお話を聞くと、今まで入ったこともなかった小さなお店が、いかにいい商品を扱っていたり、受け継いできた技術を持っていたりするかがわかります。店主が丁寧な仕事をしていることが心から実感できます。要はそのお店の「ストーリー」を知ることができるのです。

「ストーリー」を知ると、そのお店のことを好きになり、リスペクトする気持ちが生まれます。すると「このお店で買いたい」と思うようになります。

お店を学校にしましょう。

そこから「魅力的なエピソード」が生まれ、ストーリーになっていくかもしれません。

56

事業を支援する

前項の「お店や会社を学校にする」の事例は、一般のお客さんに向けての講座でしたが、さらに専門性を高めて、開業を支援したり、事業のサポートをしたりするような教室を開くことで「ストーリー」や「エピソード」が生まれることがあります。

岡山県にある「おかやま工房」は、「毎日食べても飽きない本物のパン」を理想に掲げ、原料に国産小麦を用い、合成添加物を一切使用しないのが特徴のベーカリーショップです。

毎日超満員になる人気店ですが、売上や利益の３割以上を「パン屋開業希望者」に向けた「個性派小規模ベーカリー」の開業支援を専門とする「リエゾンプロジェクト」から得ているといいます。

長年の経験や感覚が必要な職人技を、パンづくり未経験者でもできるように完全マニュアル化。通常、パン屋を開業するには、短くても数カ月、長いと数年にも及ぶ修行が必要だといわれています。しかしこの店の「個性派小規模ベーカリー」の開業支援を専門とする「リエゾンプロジェクト」は、未経験者でもたったの５日間の研修で、国産小麦100％を使った無添加のあんぱん、メロンパン、クロワッサンなど20種類のパンが焼けるようになるといいます。

また、希望があれば開業までのアドバイス・サポート、開業後のアフターフォローもしてくれます。このシステムで国内外の300店舗近くのお店がオープンし、多くの店が繁盛しているといいます。

フランチャイズ制ではないため、サポートを受けても、店名、営業時間、ユニフォームなどのしばりはなく自由度が高いのが特徴。これまで長期の修行が必要と思われていた業界では画期的なシステムです。

これは小売に限りません。BtoBの業態でも応用できます。

たとえば、広告会社ならば「無駄のない広告制作の発注の仕方」、印刷会社ならば「集客効果のあるチラシのつくり方」など、テーマを決めて講座を開き、クライアントを会社に招待するのはどうでしょう？

必ずしもあなたが専門分野を教えるという方法を取らなくてもかまいません。自分の業種とは関係のないテーマでも、講師を他から招いてセミナーの主催者になったり、成功した得意先やお客さんを講師として招いたり、という手段もあります。

前述の広告会社や印刷会社の例でいうと、自社が手伝ったことで成功したクライアントを講師として招くのです。うまくいけば、先方も教えることで優越感を抱けますし、良好な関係を築き上げることができます。

開業を支援したり、事業のサポートなどをしたりしましょう。「ストーリー」や「エピソード」が生まれることもあります。

57

リアルのコミュニティをつくる

人が集まるコミュニティ場を提供するだけでも、「魅力的なエピソード」が生まれ、ストーリーになっていく可能性が高まります。

東京都中野区に戦前からある柴田屋酒店は、コミュニティをつくってきたことで注目される会社に成長しました。創業者の孫である三代目の柴泰宏さんが会社を継いだのは1990年代後半。大資本によるディスカウント店ができ始め、町の酒屋にとっては大逆風が吹き荒れていた時期です。一般消費者向けの酒屋では大手との価格競争に勝てない。そう考えた柴さんは、飲食店を対象にした業務用に特化することで自分の会社が生き残る道を選びます。

しかし業務用に特化したからといって簡単にうまくいくわけではありません。そこで柴社長は「酒屋として得意先の飲食店に提供できることは何か？」を考えました。
得意先にアンケートをとってみた結果わかったことは、飲食店は他店の情報を欲しがっているということでした。自店の経営が忙しくて、他店を見に行くことができないのです。

そこで2003年から得意先の飲食店のために二つのことを実施しました。ひとつ目は『こだわり通信』という月刊のニュースペーパーを発行。これは、いろいろな飲食店のメニューやサービスなどを記事にしたものです。二つ目は「繁盛店勉強会」というコミュニティを結成したこと。こちらでは繁盛店の紹介、講師を招いての勉強会、新商品の試飲会を実施しました。

この「繁盛店勉強会」は得意先の飲食店にとても好評で、どんどん参加者が増えていきました。やがて自社だけですべてを仕切るのは難しくなり、仲間を募り2005年に「NPO法人　繁盛店への道」へと発展していきました。
「NPO法人　繁盛店への道」は、現在全国各地に支部を持つまでになり、飲食店の接客コンテスト、日本一のサーバーを決める「S1サーバーグランプリ」などのイベントは大いに盛り上がっています。

このような大きなコミュニティの中心にいる柴田屋酒店は、全国の飲食店から注目される特別な存在になりました。現在は海外事業にも力を入れるなど、さらに大きく発展しています。

人が集まるコミュニティ場を提供しましょう。
「魅力的なエピソード」が生まれ、ストーリーになっていく可能性が高まります。

58

オンラインのコミュニティをつくる

人が集まるコミュニティ場はリアルでなくてもオンライン上でもつくれます。「魅力的なエピソード」が生まれ、ストーリーになっていく可能性が高まります。

園芸ガーデニング通販サイト「花ひろばオンライン」は、「レモン部」というコミュニティを通じて、「みんなで一緒に植物を育てる楽しさ」を売ることで有名になりました（現在は「苗木部」に改名）。

レモン部は、同ショップからレモンの苗木を買った人が参加できる部活動です。レモンの苗木を自宅で育てて写真に撮り、お互い報告しあうというのが主な活動です。これによって全国の知らない人同士が「レモンを育てる」という体験を通じて集い、交流することができます。顧問にはショップのオーナーが就任して、観察するポイントや育て方をアドバイスします。

この活動をするようになって、通販の売上は大きく伸びました。レモン部の売上だけを考えると、たかだかレモンの苗が数十売れるだけですから、たいしたものではありません。

にもかかわらず売上が伸びたのはどうしてでしょう？

それは部員が他の商品を買ってくれたり、部員でなくても活動にこっそり注目している人がいたり、メディアに取り上げられたりしたことでストーリーが生まれたことが要因だと考えられます。

店のオーナーである高井尽さんは、レモン部を始めたきっかけを「お客様とチームになりたい。お客様の物語をみんなで一緒に共有したかった」と 語っています。

コミュニティづくりで成功しているケースに共通しているポイントは、参加する側に「楽しい」「役にたつ」「みんなから認めてもらえる」などのメリットがあるということです。人は楽しいと思うと、向こうから勝手に集まってきます。

もし、あなたの会社やお店が新しくコミュニティをつくろうとするのであれば、顧客を囲い込むという発想は捨てましょう。参加者に「楽しさ」と「メリット」を提供することに徹するのです。最も大切なのは、「主催者のエゴをなくす」ということです。
次にお客さん同士をどんどん結びつけましょう。そうしていると自然と、あなたの会社や商品が人と人を繋ぐハブの役割を果たすようになります。そうなれば、放っておいてもコミュニティは、あなたの会社や商品を支援してくれるようになるのです。

人が集まるコミュニティ場を提供しましょう。
「魅力的なエピソード」が生まれ、ストーリーになっていく可能性が高まります。

59

その場で比較して、試してもらう

味覚でも触覚でもそうですが、比較してみて初めてわかることがあります。たとえばいくらこだわった素材や調理法の料理でも、それ単独で食べた場合、正直にいうと違いがよくわからない場合も多々あります。

そういったこだわりの素材や特別の料理法を使っている場合、あえて普通の素材を使った料理と食べ比べをしてもらうことで、エピソードが生まれ、ストーリーになっていく可能性が高まります。

たとえば、やきとり屋で考えると、

当店使用の○○地鶏vs普通のブロイラーの鶏
紀州備長炭でじっくり焼いた○○vsガスコンロで普通に焼いた○○

といった感じです。

手間はかかりますが、このように比較することで「なるほど違う」と心から納得してもらえます。また「やきとりを食べ比べる店があってさ」などと口コミで広がりやすいという利点もあります。

ある回転寿司チェーンは、常時５種類の醤油（ポン酢も含む）が置かれているのがウリです。ネタごとに醤油を替えて比較できることで、ちょっと得をした気持ちになります。寿司ネタで差別化するのに比べて、このような比較的お金がかからない部分に選択肢を用意するのはいいアイデアです。

これはBtoBでも同じことがいえます。商談などでは、自社製品に加え、比較対象になる他社製品も持っていって、比較してもらいましょう。

また、人間にはいろいろなものを試してみたいという欲求があります。通販化粧品などでよくやっているような「無料お試しセット」を、飲食業やサービス業に応用してみましょう。

居酒屋やダイニングバーなどで、お通しの代わりに、無料で「当店自慢のお料理お試しセット」を出したら、結果として客単価も上がるのではないでしょうか？　さまざまな銘柄のお酒をそれぞれひとくちずつ飲めるお試しセットなどもいいですね。

旅館・ホテルなどでは、その部屋が空いていれば、ほんの10分程度でもいいので、違うタイプの（よりデラックスな）お部屋を体験してもらえるというサービスはどうでしょう？「次回はこの部屋に泊まってみたいね」ということでリピートに繋がっていく可能性があります。

比較してもらいましょう。いろいろと試してもらいましょう。そこから「魅力的なエピソード」が生まれ、ストーリーになっていく可能性が高まります。

メニュー選びにエンタメ性を加える

メニュー選びにエンターテインメント性を加えることで、「魅力的なエピソード」が生まれ、ストーリーになっていくことがあります。

兵庫県にある舞鶴若狭自動車道の西紀サービスエリア下り線は夏期限定で「ガチャめし」というサービスを実施しました。ガチャガチャをまわし、出てきたカプセルトイで注文を決めるというシステムです。一回500円。メニューはうどんや定食など20種類。何が当たったかは、実際に料理を受けとる時でないとわかりません。ただし最低でも600円以上のメニューになるので、金額的に損をすることはないという仕組みです。一番高額なのは2100円の「但馬牛づくしセット」で、出る確率は３％とのこと。

もともとこの企画は、夏休みの混雑時の対策会議の中で生まれました。「券売機の前でメニューを悩むお客さんが多い」という問題を話し合っている時、ある社員が「昼ごはんなんて実は何でもいいんだよね」と発言したことがきっかけです。

確かにサービスエリアに「絶対これを食べたい」と思って寄る人は少ないでしょう。そこで「何を食べたいか決まっていない」「実は何でもいい」というお客さんに対して、ガチャガチャでメニューを決めてあげたら、早く決まってストレスが減り、店の回転率も上がるので助かるというアイデアを思いついたのです。

さらに、高価なメニューが当たるかもというエンターテインメントな要素を加えることで、夏休みの家族が楽しめるようにしました。実施すると、回転率があがったことに加え、SNSなどで大きな話題になりました。「ガチャめし」を目当てにサービスエリアに立ち寄る家族連れも多く「売上が増える」という嬉しい誤算も生まれました。大当たりが出て鐘がなると、レストラン中が拍手に包まれるという心温まるシーンもあったとか。

サービスエリアのレストランだけでなく、このように偶然によって買う商品を決めてくれるというシステムはいろいろな店で応用できそうですね。

というのも、今の時代、多くの人が日常生活でいろいろと決めなければいけないことの多さに疲れているからです。勝手に買うべき商品を決めてくれるのは助かるし、そこに当たりのようなエンターテインメントな要素があれば、盛り上がります。

飲食店はもちろん、物販をするお店でも応用できるでしょう。

たとえば、書店には本が多すぎて読みたいものを探せない、という声をよく聞きます。

何か勝手に選んでくれるようなシステムがあれば喜ぶ人も多いのではないでしょうか？

「ガチャ本」オススメです。

あなたが売ろうとしている商品に偶然性とエンタメ性を加えてみましょう。ストーリーが生まれるかもしれません。

61

商品に世界観を加える

商品に世界観を加えることで、物語が生まれます。

福島県会津若松市にある江戸時代創業の老舗和菓子屋「会津長門屋」は、羊羹にエンターテインメント性を持たせることで大人気になりました。それが「Fly Me to The Moon　羊羹ファンタジア」です。

商品の特徴をひと言でいうと「切り分けるたびに絵柄と味が少しずつ変わっていく羊羹」です。しかもその絵柄に「物語」を感じるのです。

形は台形。小豆羊羹で挟まれたシャンパン味の淡いブルーの羊羹が空のイメージです。そこに鳥と黄色い月が浮かびます。切る場所によって、空は夕景から夜へ、月は三日月から満月へ、鳥は月へ向かって羽ばたく、という風に絵柄が変化していきます。

まるで物語の１シーンを切り取ったかのように仕上げているのが特徴です。またカットする部分によって情景が変わるだけでなく、味わいも微妙に変化していきます。

買って切るとつい写真を撮りたくなる。それをSNSに投稿したくなる。その物語性を語りたくなる。その投稿を見ると拡散させたくなる。そして欲しくなる。まさにそんな商品なのです。

実際、その写真がツイッターに投稿されると、「美しい〜」「メチャ綺麗」「ビジュアル系和菓子」「アートだよね」「絶対みてほしい」などのコメントとともに拡散されました。

投稿から３日で４万5000超のリツイート、８万4000超のいいね！　を記録。また注文も殺到。生産が追いつかない状態が続きました。海外の観光客からの注文も相次ぎました。和菓子、特に羊羹ではなかなか考えられない状況です。

会津長門屋は「伝統和菓子に新たなシーンを創出する」ことをコンセプトにした和菓子シリーズの開発に取り組んでおり、「羊羹ファンタジア」は第３弾として１年かけて開発したものです。面倒と思われがちな羊羹の切り分けを楽しくすることで、コミュニケーションに繋がるというコンセプトで開発したといいます。

こちらも江戸時代創業の新潟県長岡市にある老舗和菓子屋「越乃雪本舗大和屋」は、「おさとうのまほう」という架空の絵本という世界観を作り、その中で登場するという設定の「こはくのつみき」「食べられるクレヨン」「飴で作ったおはじき」などのお菓子を販売して人気になっています。
「こはくのつみき」は、きらきらと輝く琥珀糖で創られた積み木の形をしたお菓子です。かわいいと評判になり、あるイベントでは30分で100箱売れたこともあるそうです。

お菓子でインスタ映えというと、カラフルなパフェやパンケーキなどがすぐに思い浮かびます。しかし一見地味と思われている商品に何かしらの「物語性」をプラスすると、「羊羹ファンタジア」「こはくのつみき」のようにヒットするかもしれません。

あなたが扱っている商品にその可能性はないでしょうか？
一見地味に思われている商品にこそチャンスがありそうです。

62

商品の形を変える

商品の中身は変わらないけれど、形を変えることでエンタメ要素という「ウリ」が加わり「魅力的なエピソード」が生まれ、ストーリーになっていくことがあります。

「ダムカレー」という食べ物をご存じでしょうか？

川をせき止めるダムをモチーフにしたカレーライスで、ごはんはダムの堤、カレールーをダム湖に見立てて盛りつけたものです。

観光ダム周辺の飲食店で提供されるもので、10年くらい前から徐々に広まっていき、今では各地のダム周辺で人気商品になっています。

現地のダムに似せた構造になっているものも多く、景観などを副食材を使って表現するケースもあります。中には副食材のウインナーを取ると、カレーがダムの下から流れ出るという放水をイメージしたものもあります。

ダムに来るとみんな嬉々としてダムカレーを食べるのですが、よく考えてみれば、この人気はカレーの味とは関係ありません。盛りつけを工夫してエンタメ要素を加えるという「ウリ」で新しい価値を創造したといえるでしょう。

京都水族館で、展示されている魚と肩をならべるくらいに人気のパンをご存じですか？

それが「すいぞくパン」です。

水の生き物を形どったパンで、カメ、ペンギン、チンアナゴ&

ニシキアナゴ、カエル、ゴマフアザラシなどの種類があります。
特に子供たちに大人気で、中にはこのパンを全種類食べたいのでリピーターになっている家族もいるそうです。
これもいってしまえば、中身は普通のパンなのですが、形を変えるというエンタメ要素の「ウリ」を加えることで人気商品になりました。

大阪市阿倍野区のあべの筋商店街にある喫茶店「coffee kissa PEARLS」では、2020年３月に発売されたスイーツ「ワンナコッタ」が大きな話題になりました。
フレンチブルドッグの形を模したエスプレッソ味のパンナコッタです。そのリアルすぎる形状に「目が見れない」「怖くて食べられない」などSNSで話題を集め、テレビ番組等のメディアでたびたび取り上げられるなど看板商品になりました。

形はもちろんダムや生き物である必要はありません。
盛りつけや一般的に知られている形を変えるだけでもウリになり、それが「おもしろい」「カワイイ」という「感情的な価値」を生み出せる可能性があるという一例なのです。
ぜひ、自分が売ろうとしている商品に応用できないか考えてみてください。

商品にエンタメ要素を加えてみましょう。
「魅力的なエピソード」が生まれ、ストーリーになっていくことがあります。

63

名前を変えて価値を上げる

商品の名前を変えることで「魅力的なエピソード」が生まれ、ストーリーになっていくことがあります。

30ページでも紹介したオイシックスは、野菜や果物のネーミングがとてもうまいのが特徴です。「ピーチかぶ」以外にも本来の品種名ではないオリジナルの名前がつけられたものがいくつもあります。

たとえば「トロなす」という商品があります。こちらはもともと、皮が緑色であることから「緑なす」という商品で売られていましたが、なかなか売れませんでした。

しかし、少数ですが熱心なリピーターがいました。その方々に「なぜこの商品を買ってくれたのですか？」とヒアリングしたところ、「オーブンで焼くと濃厚でトロッととろけるような食感が味わえるんですよ」という答えが返ってきました。そこで「トロなす」と名前を変えて売り出しました。

するといきなり大ヒット商品になったのです。

オイシックスの商品は、他にも「天空のキャベツ」「満月いも」「黄金桃」など、一度食べてみたくなるような名前が数多くあります。

少し前まで、魚は天然が高級で、養殖魚は価値が落ちると考えられてきました。ブランドといえば「大間まぐろ」「明石鯛」「関あじ」「松輪サバ」「城下カレイ」など、地名に由来する名称の天然魚であることが当たり前でした。

しかし最近、養殖魚がブランド化されるケースが増えています。その際、名前が非常に重要になります。

その先駆けになったのが「近大マグロ」です。近畿大学水産研究所がおよそ30年の歳月をかけて開発した養殖マグロの名前です。大学とマグロを組み合わせたネーミングが秀逸で，これにより養殖魚のイメージは大きく変わりました。

この他にインパクトがあるのが「お嬢サバ」です。鳥取県で養殖される真サバのブランド名で、正式名称は「鳥取生まれの箱入り娘 お嬢サバ」。地下海水をくみ上げ、すべて陸上で稚魚から完全養殖で育てることでサバの最大の弱点である寄生虫の心配がなく生で食べられるのが特徴です。

ただのダジャレだけでなく、大切に育てられているというストーリーが込められたネーミングであることも重要です。これがたとえば「鳥取産養殖サバ」という名前では、その「価値」はまったく伝わりません。

ただ改めていうまでもありませんが、よくない（おいしくない）商品は論外です。いくら名前を変えて売れたとしても、二度とリピートしてもらえないでしょう。

でもせっかくいい商品なのに、名前にインパクトがないために売れないのはもったいない。そんな場合は、名前を再考してみることで、その価値をわかってもらえる可能性が生まれるのです。

商品の名前を変えてみましょう。ストーリーが生まれてくるかもしれません。

64

デザインを変えて価値を上げる

商品のパッケージを変えることで「魅力的なエピソード」が生まれ、ストーリーになっていくことがあります。

明治製菓の「THE Chocolate」という商品は、以前からありましたがあまり売れていませんでした。2016年、中身のチョコを見直すと同時に、パッケージも大胆にリニューアルすることになりました。

通常のチョコレートのパッケージは、横型でチョコの写真・商品名・味の特徴などが大きく描かれるのがセオリーです。しかし新パッケージは、それらの要素は目立たず、縦型でカカオの実のシルエットにフレーバーごとに異なる幾何学模様がキラキラ輝いているものになっています。

当然、社内の上層部からは「こんなもの売れるわけがない」という反対意見が出ましたが、開発者は若い女性からのアンケート調査を根拠に、「皆さんの年代の方はターゲットではありません」と言い切って発売にこぎつけました。その結果、この商品は異例のヒットを記録したのです（「THE Chocolate」は2020、2022年にもパッケージ変更を行いました）。

アメリカで有名なヨシダソースは、パイナップルを配合したソースを「チャイニーズソース」という名前で発売したところ、まったく売れずに大失敗をしてしまいました。そこで中身はほとんど変えず、「ハワイアンバーベキューソース」としてトロピカルなラベルに貼り替えて売り出すと、これが大ヒットしたのです。パイナップルの味からハワイが連想しやすかったのかもしれません。ちなみに、ハワイにはこのような味のバーベキューソースはなかったようです。

王子ネピアの「鼻セレブ」という高級ティッシュも、ネーミングとパッケージを一新したことで、大ヒット商品になった例です。

もともと「ネピア モイスチャーティシュ」という名前でしたが、発売から８年たってもなかなかシェアが増えません。そこで中身は変えず、パッケージとネーミングのリニューアルを決意し、広告代理店からの提案をうけました。

その中の一案に、「鼻セレブ」というネーミングと白いふわふわとした動物の鼻にフォーカスしたパッケージ案があったのです。

その一見ふざけた名前にほとんどの社員は反対しますが、担当者の一人がほれ込み強引に採用しました。そして売り出してみると、爆発的にヒットしました。売上は３割増え、１ケタだったシェアが瞬く間に20%を超えました。

パッケージは当初、「ウサギ」「アザラシ」「ヤギ」の３種類でした。しかし、なぜかどの店でも、「ヤギ」のパッケージだけが売れ残ります。理由を調査してみると「ヤギ」の目が怖いからだとわかり、「白クマ」に変更になりました。そうすると、どのパッケージも売れるようになったとのこと。

中身はまったく同じ商品なのに、売れる動物と売れない動物があるのはおもしろいですね。

パッケージを変えてみましょう。ストーリーが生まれてくるかもしれません。

ラッキーアイテムで付加価値をつける

商品やサービスに「ラッキーアイテム」や「おみくじ」などの付加価値をつけることで、ストーリーが生まれることもあります。

京都にある「ヤサカタクシー」は、タクシーの上についている行灯とドアのところに三つ葉のクローバーのシンボルマークがあり、「三つ葉タクシー」の愛称で呼ばれています。

営業車約1500台の中で、たった4台だけクローバーが四つ葉のタクシーが存在します。この四つ葉タクシーは、京都では「幸せを運ぶタクシー」として、乗るのはもとより見かけるだけでもご利益があるという噂が広まっています。

もともと「三つ葉のマークに落ち葉がくっついて、まるで四つ葉のクローバーのように見えた」という利用者の投書からヒントを得て、「それやったら、ほんまにつくろうか！」と四つ葉タクシーが導入されたそうです。

流し専門で予約を受け付けていないため出会える確率が低いことがレア度を高めています。利用者は意外に気づかないことも多いので、降車時には、「幸せを運ぶタクシー四つ葉のクローバー号」に乗ったことを証明する記念乗車証を渡しています。乗車後、実際に幸せなことがあった方からお礼のお手紙をいただくこともあるそうです。

理性的に考えればただのタクシーですが、「幸せを運ぶ」という付加価値をつけたことで、見かけると感情が揺さぶられて写真を撮ってSNSにあげたくなります。

同じく京都にある老舗の和菓子屋「亀屋良長 本店」は、それまで平均１日２個しか売れていなかった商品にあるアイデアを加えました。すると大ヒットして、その店の看板商品になりました。
その商品とは、お湯をかけるだけで、おしるこになる「懐中しるこ」という昔ながらの商品。それをおみくじしるこ「宝入船」として、お湯をかけると琥珀羹でつくられた「梅」「松」「竹」「桜」「亀」が出てきて、それがおみくじになるというもの。たとえば「梅」が出ると、「幸福に満ちた一年になるでしょう」で「大吉」という具合です。

ほとんど同じ商品なのに、おみくじという要素を加えることで、何が出てくるかというワクワク感がプラスされたことがヒットの要因でしょう。

あなたの商品やサービスにも、「ラッキーアイテム」や「おみくじ」的を要素を付け加えることはできませんか？
そこから「魅力的なエピソード」が生まれ、ストーリーになっていく可能性が高まります。

66

専門分野にエンタメ性を加えて発信する

専門分野にエンタメ性を加えてSNSなどで発信することで、ストーリーが生まれることがあります。

神奈川・東京を中心にした書店・文具チェーン有隣堂が運営している公式YouTubeチャンネル「有隣堂しか知らない世界」は、チャンネル登録者数 21.7 万人（2023年３月現在）と大人気のコンテンツになっています。

もともとは現社長（当時は副社長）の松信健太郎氏の発案で2020年２月にスタート。当初は「書店員つんどくの本棚」という本の紹介をする内容で、クオリティは高かったものの３カ月たっても登録者数はわずか200名で伸び悩みました。

そこで外部クリエイターの手を借りてリニューアルをして、現在のスタイルでの配信を開始することになったのです。

内容は有隣堂のバイヤーや書店員が、MCであるミミズクのぬいぐるみR.B.ブッコローに向けて、主に文房具についての偏愛を熱くプレゼンするというもの。全体的にテンポよく編集されていることでとても見やすいエンタメ性あふれた動画になっています。

出演する有隣堂のスタッフたちには、「書店の一角を食品物産展にした女」「文房具の仕入れの全権を握る男」「文具王になりそこねた女」「頼れる姐御主任」「書店をプロレスで私物化した男」「味噌汁を鰹節削りから始める女」などユニークなニックネームがつけられいてキャラクターが立っています。

さらに、「ぶっちゃけた話、Amazonで買った方が安くない？」「TSUTAYAだとTポイントがつくからそっちで買います」などお客さん視点で以下のような本音を語るR.B.ブッコローの忖度のない発言も支持されています。

実際、売上にも大きな影響を与えた回もあります。それまで年に数本程度の売上しかなかった高価な「ガラスペン」が、横浜の店舗でフェアを実施したところ1週間で数百本売れたのです。

「日本初！ 授業をしない塾」をコンセプトにした学習塾「武田塾」は、YouTubeチャンネルによって大きな飛躍をとげました。2009年にスタートし、2013年からは外部のマーケティング会社に制作・運営を委託。チャンネル登録者数15.9万人（2023年3月現在）の人気チャンネルになっています。

同チャンネルのコンセプトは、「顧客となる受験生の役に立つ情報を発信する」です。中でも人気のコンテンツは受験生の悩みに答える『受験相談SOS』です。出演する講師たちも、上から目線ではなくあくまで受験生目線での悩みに答えるというスタンスで、着実にファンが増加し、知名度向上にも繋がりました。

また、「数秒に1回効果音を入れる」「カット割りを変える」など、内容はまじめながらエンタメ性を意識して視聴者に飽きさせない工夫をしています。

あなたの会社やお店も、専門分野にエンタメ性を加えて発信してみましょう。ストーリーが生まれるかもしれません。

67

正直に欠点をさらけ出す

正直に欠点をさらけ出すことで「魅力的なエピソード」が生まれ、ストーリーになっていくことがあります。

関東圏を中心にチェーン展開するスーパーマーケット「オーケー」は、商品の欠点や短所などを正直にお客さんに知らせる「オネスト（正直）カード」というPOPで有名です。

只今販売しておりますグレープフルーツは、
南アフリカ産で酸味が強い品種です。
フロリダ産の美味しいグレープフルーツは
12月に入荷予定です。

長雨の影響で、レタスの品質が普段に比べ悪く、
値段も高騰しています。
暫くの間、他の商品で代替されることをお薦めします。

本日販売しております西瓜は、
日照不足のため糖度が不足しています。（糖度約10度）
お差し支え無ければ、
他の商品のご利用をお薦めします。

（オネスト（正直）カード／オーケー公式サイトより）

生鮮食料品に限りません。飲料や加工食品などにおいても、メ

ーカーとの取引のことなども正直にさらけ出して書かれています。

６月21日から発泡酒が値下げになります。
お急ぎでなければ、６月21日までお待ちください。

（オネスト（正直）カード／オーケー公式サイトより）

一般的に、商品のいい部分は書いても悪い部分は書かないのが小売業の常識です。しかしオーケーは、「商品の短所を表示して売れ残るリスクと、おいしくないモノを買わせてしまうリスクを比べると、後者の方が断然大きい」という考え方から、この「オネストカード」というシステムを採用しているのです。

この手法は何もスーパーマーケットでなければできないということはありません。
家電量販店、ドラックストア、衣料品店、書店、旅行会社、飲食店、不動産屋など、どこのお店でも応用できるはずです（前項の有隣堂もまさに好例ですね)。

あなたが売ろうとしている商品の欠点や短所を正直にさらけ出しましょう。そこからストーリーが生まれるかもしれません。

68

「お客さんの声」を売る

お客さんの声を徹底的に載せることによって「魅力的なエピソード」が生まれ、ストーリーになっていくことがあります。

飲食店を探す時、あなたはどうしているでしょうか?
まず食べログなどの評価を見るのではないでしょうか?
ホテルを探す時は、楽天トラベルなどの評価を見るでしょう?
お店やホテルが発信している情報より、リアルなお客さんの声の方が信頼できるからです。

ある広告制作会社のサイトは、お客さん、業界用語でいうクライアントの声がところ狭しと並んでいます。いずれも顔写真入りで、どういう動機でその会社に頼んだか、実際の仕上がりはどうだったかなどのプロセスが詳しく載っています。大げさにいうと、ひとりひとりの声が物語になっているのです。

一般的な広告制作会社のサイトでは、このように頼んだ人の顔写真や意図が載っていることはまずありません。世の中にアウトプットされた作品の写真が並んでいることがほとんどです。しかしそれでは、初めて仕事を頼む立場からすると、どれくらいのクオリティのことをやってもらえるか想像しにくいものです。
しかしこのような形で大勢のお客さんの物語が載っていると、自分が頼むうえで近い人を見つけやすくなります。この会社がこのような意図で頼むと、このようなアウトプットになるということが実感できるので、初めてでもとても依頼しやすくなります。

広告制作という受け手からは目に見えにくい商品であるから余計に、「お客さんの声」という物語を訴求することで成功をおさめているのです。

現代広告の父と呼ばれるディビッド・オグルビーも著書（『ある広告人の告白』）の中で、以下のような発言をしています。

「コピーには常に推薦文をつけておくべきだ。読者には、匿名のコピーライターの大絶賛よりも、自分と同じ消費者仲間からの推薦のほうが受け入れやすい」

（『ある広告人の告白』デイビット・オグリビイ：著、山内あゆ子：訳（海と月社）より）

ただし、リアリティがないとうさんくさく感じることもあるので、注意が必要です。

お客さんの声を徹底的に載せましょう。そこからストーリーが生まれてくることがあります。

69

接客で心を揺さぶれば商品は売れる

人は心が揺さぶられると、商品を買いたくなります。タイムセールなどはその典型ですね。店舗などで何かしらお客さんの心が揺さぶられる時間をつくりましょう。ストーリーが生まれることがあります。

イギリス・ロンドンで有名な老舗のおもちゃ屋があります。それが「ハムリーズ」です。1760年創業で世界一古いおもちゃ販売店といわれています。

ロンドン・リージェント・ストリートの旗艦店は地上６階建て、地下１階の７フロアで、それぞれのフロアで異なるジャンルの玩具を扱っています。おもちゃ屋なのに、毎年、500万人が訪れる観光名所になっています。おもちゃの種類やディスプレイもすごいのですが、一番のウリは「店員の接客」です。

それぞれのフロアには多数の実演販売コーナーがあります。各フロア５～６人くらいの店員は、時間がくると大声で呼びかけたり、おもちゃの楽器などを使って子供たちを集めます。そこからは「店員」のワンマンショー。子供はもちろん親も巻き込んで、おもちゃのデモンストレーションを行います。ただの実演販売というより、自らが本当に楽しそうにおもちゃで遊びます。子どもたちとの距離を縮めるのがうまいのです。デモンストレーションだけでなく、店内では子どもたちが積極的に遊べるように工夫してあったり、家族で楽しめるアトラクションもあります。

そのような接客によって、ハムリーズに行くと子どもたちの心が揺さぶられます。それにつられて親の心も揺さぶられます。そうなると、理性的に考えれば、同じ商品をネットで買った方が安くても、その場で買ってしまうのです。まさにハムリーズ・マジックといってもいいでしょう。

とある住宅地にある小さなスーパーは、スタッフとお客さんがお互い名前で呼ぶことで繁盛しています。まるでご近所さん同士の井戸端会議のような会話があちらこちらで行われているのです。そうするとお客さんは、自然と商品を買いたくなります。

94ページで紹介した女性専用フィットネスクラブのカーブスは、メンバー（会員）が店舗を訪れるとスタッフがすかさず「○○さん、こんにちは」というファーストネームで挨拶することで有名です。多くの会員がいる中で「顔と名前を一致させる」のは並々ならぬ努力が必要でしょう。

ただメンバーにとってはスタッフから名前を覚えてくれているのは嬉しいことです。「○○さん前より筋力がUPしましたね！」などと励まされると、継続しようという気持ちになるでしょう。

あなたのお店でお客さんの「心を揺さぶる接客」をしましょう。

そこから「魅力的なエピソード」が生まれ、ストーリーになっていく可能性が高まります。

70

言葉で心を揺さぶれば商品は売れる

前項では接客によって心が揺さぶられることを紹介しましたが、言葉だけでも人の心を揺さぶることができます。

山梨県にあるスーパーマーケット「ひまわり市場」は、POPがすごいことで有名です。SNSでもたびたび話題になります。

以下は、Jタウンネットによるひまわり市場取材記事「『大手メーカーの職と安定を投げ打ち 家業を継いだ男の鮮度と執念』…生産者の物語まで伝わってくる、山梨・北杜市のスーパーのPOPを見よ！」より、POPのコピー部分を引用したものです。

「大手メーカーの職と安定を投げ打ち、家業を継いだ男の鮮度と執念」（朝とれニジマス）

「関東の某超高級スーパーのバイヤーが驚いた。こ・こんな旨いトマトが世の中に存在するなんて。」（おもいろ・そがいろミックス）

「八ヶ岳倶楽部のレストランで使われているお米です。ひまわり市場の某スタッフの、初恋のお相手が新潟に嫁いで、この美味しいお米を作っていたんです‼　世間は､狭いですね」（土田のお米）

このようなPOPを見たら、心が揺さぶられて確かに買いたくなりますね。そしてこれらのキャッチコピーで特徴的なのは、商品の内容よりも、スタッフや生産者などの人にスポットをあてているという点です。

実際に「ひまわり市場」のサイトを見てみると「アベンジャーズ@ひまわり市場」というコーナーがあり、スタッフがニックネームで紹介されています。キャッチコピー・特技・座右の銘・人物批評などもなかなかおもしろいです。

たとえば「なわ社長」は「八ヶ岳の松岡修造」というキャッチコピーがつけられていて、座右の銘は「一点突破」、特技は「魂を揺さぶるマイクパフォーマンス」です。人物批評は「いつも控えめにニコニコと笑う男が、ひとたびマイクを握ると豹変する。圧巻のマイクパフォーマンスをするその姿は「八ヶ岳の綾小路きみまろ」との異名も」とあります。

こういった紹介文を読むと、そのスタッフの方に一気に親近感が芽生えますね。スタッフのことを知った上でPOPを読むと、さらに味わい深くなりそうです。

お客さんの「心が動くPOP」をつくりましょう。

そこから「魅力的なエピソード」が生まれ、ストーリーになっていく可能性が高まります。

71

「ほめる」を売る

旧態依然した業態だからこそ、顧客とのコミュニケーションを変えるだけで「エピソード」や「ストーリー」が生まれる可能性があります。

少子化や若者のクルマ離れなど、自動車学校はどんどん潰れていっています。そのような逆風下において、生徒とのコミュニケーションを改善したことで大きく業績を伸ばしている自動車学校が、三重県にある南部自動車学校です。

二代目の加藤光一社長は大学を出て東京の商社で働いていましたが、父親の要請を受けUターンして継ぐことを決意。東京の自動車学校で修行したのち、1993年に30歳で入社しました。

加藤さんはまず理念づくりに取り組み、その後、1997年には入校から卒業まで一人の指導員が担当する「担任制度」を導入します。当初は「指導に情が出たらどうするのか」「指導員によりスキルに差がでるのでは」という反対意見も根強くありましたが、実施してみると指導員の姿勢が大きく変わりました。向上心を持って熱心に指導するようになったのです。この担任制度は今でも南部自動車学校のウリのひとつです。

そんな中、加藤さんは「ほめられると運動技能の習得が高まる」という新聞記事を目にします。以前ハワイで水上スキーを習った時、転んでもインストラクターから「ナイス、トライ！」とほめてもらったことで滑れるようになったことを思い出しました。

怒られた経験が少ない現代の若者には、怒るよりもほめる方が能力を引き出せるのではないか。また、怖いイメージを持たれがちな自動車学校の中で独自化できる、ということで「ほめる」を前面に押し出すことを決めました。

よその教習所や指導員OBからは「甘い教え方では安全は守れない」「合格率が落ちるよ」「命がかかっているのだから厳しく教えるべき」などネガティブな意見が相次ぎました。

しかし、そんな意見に負けず2013年２月「ほめちぎる教習所」としてリニューアルオープンしました。すると、予想をはるかに上回る大きな変化が生まれました。

まず生徒数が４年で30％近く増えたのです。生徒の教官に対する信頼感が目に見えて深まりました。さらに会社の雰囲気もよくなり、職員の離職率も下がりました。まさにいいことづくめです。

また意外なことに、ほめる指導をするようになったら、免許の合格率も大きくアップしました。多くの卒業生から「ほめられるとやる気が上がる」「運転が楽しくなった」という声が届くようになりました。

顧客とのコミュニケーションを思い切って変えてみましょう。「エピソード」や「ストーリー」が生まれる可能性があります。

72

「出世すること」を物語にする

あなたが理容店の店主だと想像してみてください。

お客さんにもっと来てもらいたいと思ったらまず何を考えますか？

散髪の技術？　価格？　ホスピタリティ？

ほとんどの理容店は、今あげたようなポイントを訴求しています。

そんな中、東京西新宿のオフィスビルの地下にある理容店ZANGIRI（ザンギリ）は、「日本一出世するビジネスマンが多い理容店」という旗印を掲げることで驚異のリピート率を誇ります。

同店二代目を継いだ大平法正さんは、理容組合のコンペでグランドチャンピオンになるほどの「技術」を持っていましたが、ずっとお客さんは減り続けていました。

そもそも理容業界自体の状況が厳しく、廃業する店も増えています。低価格のチェーン店が増える一方、美容室に行く男性が増えているからです。

そんな状況下で、大平さんは「理容の定義」を徹底的に見直すことから始めました。

そして自らのお店のウリを「ビジネスマンのパワースポット」と定義し直すことを思いついたのです。そう定義することで、新しいサービスが次々と生まれました。

たとえば、「眼鏡の洗浄」「名刺スキャン」「携帯充電」などは「出世する人たちのおもてなし」として無料サービスされています。

またレギュラーカットに加えて、いろいろな有料の「運気アップオプションサービス」があります。たとえば、「エコノミークラス」「ビジネスクラス」「ファーストクラス」という名前で頭皮改善マッサージを提供しています。これらのオプションサービスの購入率は８割を超えるといいます。

もちろんサービス内容が優れていることは大前提ですが、ビジネスマンの琴線にふれるネーミングであることも購入率を上げている大きな要因でしょう。他にも運気が上がるいろいろな細かなサービスを実施しています。

ザンギリは、一般的な理容店としては高額な客単価６千円を実現しながら、月1000人のお客さんが来店する大繁盛店になりました。リピート率は９割以上だといいます。

その一方、理容師の指名制度はあえて設けず、店の顧客として全員でもてなすことをモットーにしています。もちろん理容において「技術」は重要な要素です。ザンギリの理容師たちも「技術」を高めるために日々努力しているはずです。しかしそこは当たり前のこととしてあえて前面に出していません。

言い換えると、ザンギリは「技術」「価格」という「理性」の土俵で勝負せず、「出世」「運気」という「心を揺さぶる土俵」で勝負することで「物語」を生み出しているのです。

そのおかげで、数多くのファンがつき、圧倒的なリピート率を誇ります。

あなたの店でも「出世」や「運気」など、心を揺さぶる物語を生み出せませんか?

73

建物の物語を引き継ぐ

台湾の中央部にある大都市・台中にある「宮原眼科」は、世界一美しい眼科と呼ばれ地元民はもちろん、国内外の多くの観光客が訪れます。といってもここは病院ではなく、地元の菓子メーカーによる巨大スイーツショップです。

この建物は、もともと1927年日本統治下において、日本人医師宮原武熊が「宮原眼科医院」として開業した台中最大規模の病院でした。

宮原氏は当時台湾総督府の医科長でもあり、台中市議員や高校の校長もつとめた地元の名士です。終戦後、宮原氏は日本に帰国、歴史ある赤レンガの建物は国民党政府に管理され、しばらくの間、「台中市衛生院」として使われていました。しかし衛生院が移転した後は、数十年間、手つかずのまま放置されていたのです。

その間、1999年の大地震や、2008年の台風などの被害で建物は傾き、危険な状態になっていました。台中市政府は取り壊しを決めていましたが、2010年、そんな建物を買い取ったのが地元の菓子メーカー「日出グループ」でした。

普通であれば、元のビルは取り壊して、新しい建物を建てるのが一般的です。そうすれば、高いビルが建てられるので明らかに効率的だからです。

しかし、日出グループは、あえてもともとの建物を残しつつ、新旧を融合させ、リノベーションをする道を選びました。１階部分のアーチ型の門や２階の13個の窓などをはじめ、外観部分も象徴的な場所を残し、店内にも廃材や屋根瓦など、元からあった資源をできる限り使って、新しいデザインにリノベーションしました。そして2012年「宮原眼科」という名前で、スイーツショップをオープンさせたのです。

歴史ある建築物のイメージや「宮原眼科」という名前をそのまま残したことは素晴らしいアイデアです。眼科なのにスイーツショップというギャップが多くの人の興味をそそります。
「世界一美しい眼科」とか「宮原眼科でアイスクリームを食べました」などとついSNSに投稿したくなります。それだけで話題になりやすいワードなのです。
店名に日本人の名前がついていますが、それは戦前からの歴史を感じるものですし、基本的に親日である台湾ではマイナスにはなりません。

外観は古い建物のイメージを残っているため、中に入った時のゴージャスさとのギャップに痺れます。それでいて元の建物へのリスペクトがあちらこちらに感じられます。３階には、宮原眼科の歴史や宮原医師のプロフィールを説明するパネルもありました。お店のロゴは、病院の赤十字に白梅を重ねたもの。台湾では､「日本＝梅」というイメージがあるらしく、もともとの建物の主である宮原医師をリスペクトしたものらしいです。

このように建物自体の物語を引き続きつつ、ゴージャスにリノベーションしたことで人を惹きつける「ストーリー」が生まれたのです。

74

「懐かしい」を売る

「懐かしい気持ち」にさせると「魅力的なエピソード」が生まれ、ストーリーになっていく可能性が高まります。

群馬県前橋市に「るなぱあく」という遊園地があります。

前橋市中央児童遊園として1954年に開園し、2004年に市民の公募で「るなぱあく」という愛称が付けられました。前橋市出身の詩人・萩原朔太郎の「遊園地にて」という詩の中で、遊園地に「るなぱあく」というルビがふられていることが由来だといいます。

入園料は無料で、利用料は「おおきなのりもの」が50円、「ちいさなのりもの」は10円という安さです。「おおきなのりもの」は、ミニヘリコプター、メリーゴーランド、くるくるサーキット、まめきしゃなど8種類（全部乗っても400円！）。

ちいさなのりものの目玉が「もくば館」です。開園当初からある国内最古級の電動木馬（5基）で、60年以上にわたり500万人以上の子どもたちを楽しませてきたことで国の有形文化財にも登録されました。

この昭和レトロな遊園地が、数年前から人気を集めています。ずっと120万人前後だった年間入場者数が、2016年には過去最高の約146万人を記録しました。さらに2017年は171万人を記録しました。

遊具が新しくなったわけではありません。「日本一懐かしい遊園地」というコンセプトをSNSで発信し続けたことが、お客さんが増えた大きな要因です。

特にアイコンになったのは、さきほど取り上げた「電動木馬」。

その懐かしさがフォトジェニックだということで、多くの親子が訪れるようになりました。そしてまた自分たちのSNSに子どもが木馬に乗っている写真をアップするという好循環が生まれたのです。

埼玉県所沢市にある「西武園ゆうえんち」は、2021年に「昭和レトロ」をテーマにリニューアルしました。

150mほど続くアーケード「夕日の丘商店街」は1960年の昭和の街並みを再現。商店街に入ると、タバコ屋や電気屋、理容所、豆腐屋などの昭和らしいビジュアルのお店がたくさん！　モノクロの街頭テレビやピンクの公衆電話など、昔の日本を疑似体験することができます。

こちらも若い世代にウケています。

かつて哀愁ただよう飲み屋街のイメージだった横丁ですが、近年は屋内で昭和のイメージを残した「ネオ横丁」がブームになっています。

あなたの会社やお店にも、古いことで「懐かしい気持ち」になり、お客さんがSNSで発信したくなるようなものはありませんか？

75

重要な情報を隠して売る

重要な情報を隠して売ることで「魅力的なエピソード」が生まれ、ストーリーになっていくことがあります。

人は何かを隠されると見たくなるという習性があります。あなたもきっと身に覚えがあるでしょう。神話や昔話でも「見ちゃダメ」といわれたのに見てしまうことで何度も悲劇が繰り返されています。そのような人間の性質を活かして、何か重要な情報を隠すことが、ウリに繋がることがあります。

2012年に、紀伊國屋書店新宿本店で開催されたフェアは大きな話題を呼び、置かれた文庫本たちはバカ売れしました。

その多くは、普段はあまり売れていないような本でした。どうしてそんな現象が起きたのでしょう？

それはタイトルと著者という情報を隠して売ったこと理由でした。文庫本に作品の書きだしの文章をプリントしたオリジナルカバーをかけ、タイトルや中身がわからないようにして「ほんのまくらフェア」として販売したのです。

当初、期間中に700～800冊くらい売れれば上出来と思って企画されたものでしたが、1カ月で10倍の7000冊を売り上げ、フェア期間も延長されました。最終的には1万8000冊以上を売り上げたといいます。

特にフェア開始2週間くらいがたった頃、人気ブロガーの伊藤聡さんがツイッターで「本の書きだしの文章だけを手がかりに、著者名もタイトルもわからない本を買うという闇鍋スタイル」とツイートしたことから、口コミが一気に広がり爆発的に売れ始めました。

ちなみに、このフェアの売上で圧倒的な１位を獲得したのは「あした世界が終わる日に一緒に過ごす人がいない」というフレーズがまくらの本でした。

その本はフェア開始までは月に１～２冊程度しか売れていなかったといいます。それが情報を隠したことで、フェア期間中に何と1100冊以上もバカ売れしました。

中には有名な書き出しの本も混じっていましたが、ほとんどは何の本かはわかりません。にもかかわらずバカ売れしたのです。それだけ人は隠されると見たくなるという習性を持っているのですね。

2016年に、岩手県盛岡市の「さわや書店フェザン店」から始まった「文庫X」。こちらは書店員の熱い思いが切々とつづられた特製カバーがかけられて、ビニールで覆われているので、タイトルも著者も内容などの重要な情報が隠して売られました。

わかっているのは、税込810円という価格と、小説ではないということだけです。にもかかわらず、文庫Xは展開からすぐに爆発的に売れて、全国47都道府県600店舗以上に広がっていきました。

重要な情報を隠して売ってみましょう。「魅力的なエピソード」が生まれ、ストーリーになっていくことがあります。

76

「一生懸命頑張る」を売りにする

「一生懸命頑張る」を売りにすることで「魅力的なエピソード」が生まれ、ストーリーになっていくことがあります。

1963年当時、アメリカのレンタカー業界では、ハーツがシェア60%以上と圧倒的なナンバー1企業でした。2位のエイビスの売上はハーツの4分の1程度。3位はすぐ後ろに迫っていました。

前年に巨額の赤字を出したエイビスは、経営陣を一新するとともに、新しい広告会社にDDB（ドイル・ディーン・バーンバック）を選び、広告キャンペーンを実施することにしました。その時のスローガンが以下のものでした。

エイビスは2位にすぎません。だから私たちはもっと頑張ります。

Avis is only No.2. We try harder.

エイビスの幹部たちがまずやったのは、社内へのコンセプトの浸透でした。2枚の広告案を持って、全国の営業所をくまなくまわり、全従業員に、「エイビスは2位にすぎません。私たちはもっと頑張ります」と誓わせました。また、クルマのチェック項目を100近くも掲げたカードを作成させ、全国に配りました。従業員は全員、胸に「We try harder.」と書いたステッカーを貼って接客にあたることになりました。

「エイビスのNo.2キャンペーン」が実施されると大きな反響を呼びました。

広告は、自社がいかにナンバー1であるかを誇示するのが一般的です。エイビスもそれまでは「レンタカー会社の中で最高のサービス」という広告をうっていました。しかし利用者にはその言葉はまったく響いていませんでした。「2位の会社のくせになぜ最高のサービスができるんだ？」と心の中で思っていたのです。

そんな中、あえて2位であることを認め、だからこそ「もっと頑張る」と主張したエイビスの広告に、多くの利用者は共感したのです。「そうやってマイナスを認めるくらいだからきっと一生懸命やってくれるだろう。よし利用してやろう」と。

また、従業員たちの士気も上がりました。その結果、たった1年で売上は50%増となり、13年間続いた赤字は大幅な黒字になりました。シェアも大幅にアップしました。それまで混戦だった3位以下の会社との差も大きく広がりました。

1位に対抗することが目的に見えるコンセプトの広告でしたが、結果として3位以下の会社をかすませてそこからシェアを奪い取る効果も大きかったのです。

あなたの会社やお店も、何か理由をつけて「だからこそ一生懸命頑張る」をウリにはできないでしょうか?

そうすることで「魅力的なエピソード」が生まれ、ストーリーになっていくことがあります。

77

世界最高を売る

「世界最高」をアピールすることで、「魅力的なエピソード」が生まれ、ストーリーになっていくことがあります。

オーストラリア・クイーンズランド州は、北東部にある２番目に大きな州で、世界遺産にもなっている「グレート・バリア・リーフ」付近の島々も含まれています。

2009年当時、クイーンズランド州観光公社は問題を抱えていました。リゾート地としての知名度が低く、大陸から日帰りで行けるイメージが定着し、島々に宿泊できるということが知られていなかったのです。

そんな状況を変えようと、クイーンズランド州観光公社は地元の広告会社と組んで観光PRキャンペーンを実施することにします。

しかし、どんなにその場所のよさを訴求しても、他のリゾート地との違いを明確にすることは難しい。そんな中、誕生したコンセプトが以下のものです。

島の管理人を「世界で最高の仕事The Best Job in The World」として募集し、その選考過程を公開する。

誰もがうらやむような仕事であれば、話題になり、実際に１名が選ばれるまで（選ばれてからも）PR効果が続くと考えた上でのコンセプトでした。

仕事内容は雑務と週に一度のブログでの情報発信で、待遇はプール付きの豪邸に住み6カ月契約で15万豪ドル（当時のレートで約1000万円）。もちろん現地までの航空券や保険もつきます。条件は18歳以上で英語が喋れることのみで、応募は自己PRが入ったビデオを送るというもの。

この「世界最高の仕事」の求人サイトには、800万人以上の人々が訪問し、世界の200以上の国と地域から、約3万4700通のビデオによる応募がありました。ネットだけでなくイギリスのBBCでこのキャンペーンのドキュメンタリー番組が放映されるなど、各国のマスメディアでも話題になりました。

選ばれたイギリス人のベン・サウスオールさんは、世界の数多くの国のメディアからインタビューを受けました。実際赴任してみると、クイーンズランドのよさを少しでもアピールしなければという責任を感じ、のんびりする時間はなく「世界一忙しい仕事」とクレジットされるべきだったとのちに語っています。

このキャンペーンの結果、ハミルトン島などへの問い合わせや訪問者は大幅に増え、かけた予算の70倍以上の宣伝効果を生み出したという試算もあります。

「世界で最高の仕事として島の管理人を募集し、その選考過程を公開する」というコンセプトを考案したことによって、この観光PRキャンペーンがここまで話題になったことは間違いありません。

「世界最高」をアピールしましょう。「魅力的なエピソード」が生まれ、ストーリーになっていくことがあります。

78

「日本一おもしろい」を売る

大阪のシンボルタワーの「通天閣」は「日本一おもろいタワーを目指す」という川上コピーのもとにさまざまな施策をうっていることで物語を生み出しています。

もともとは「通天閣」は、年号が明治から大正に変わる直前の1912年7月に、ルナパークという遊園地のシンボルとして建てられました。当時は東洋一のテーマパークとして大変に賑わったといいます。

しかし、1923（大正12）年、ルナパークは閉鎖。1943（昭和18）年1月に、近くの映画館の火災により延焼。戦時下の鉄材供給の名目で、解体されてしまいました。

現在の通天閣は二代目で、周辺の商店街の人たちが出資をつのって、1956（昭和31）年に完成し、通天閣観光株式会社により運営されています。

開業ブームの8年間と、70年の大阪万博の時だけは、入場者数100万人を超えましたが、それ以降は低迷。1975（昭和50）年には19万人まで落ち込み、赤字も膨らみました。「通天閣は立っているが、会社は倒れそう」な状態だったといいます。

その後、通天閣周辺が主な舞台となった朝ドラ『ふたりっ子』や新世界での串カツ人気の高まりもあって入場者数は少しずつ持ち直してはいましたが、経営は苦しいまま。

そんな2003年に父親の後を継いだ二代目社長の西上雅章さん（現・会長）は「高さで展望を売る時代は終わった。これからはオモロさを売らなアカン。どうせやったら日本一おもろいタワーにしよ」という方針を打ち出しました。

その後、通天閣のスタッフは、大阪らしいコテコテなオモロい川下の企画を連発します。

100周年事業として、2012年４月に展望フロアを全面改装しました。大阪といえば豊臣秀吉ということで、秀吉の権力と富の象徴「黄金の茶室」をイメージして、壁一面を金色にしたのです。こんなキラキラした展望台はなかなかないでしょう。この展望台には、米国生まれの神様で、通天閣の象徴的な存在である「ビリケン」の「３代目」が鎮座しています。こちらも全身が金色です。

2015年12月には、展望フロアの上に位置する特別野外展望台「天望パラダイス」がオープンしました。今までは一般人が立ち入れなかった場所に、全面強化ガラスを円形に張り巡らせて特別の空間とした、屋上の有効利用です。

さらにコロナ禍で入場者が半減する大ピンチの中、「笑いでコロナを吹き飛ばす」と３億円をかけて新しい体験型アトラクション「TOWER SLIDER」を運用開始しました。通天閣３階から、全長60mを約10秒で一気に滑り降りる滑り台です。

「日本一おもろいタワーを目指す」という旗印があるからこその試みでしょう。

79

「10年後の姿」を物語にする

東京・品川区にある中高一貫の歴史のある品川女子学院は、一時期、廃校寸前だった状態から持ち直し人気校になっています。
人気になっている要因のひとつに、卒業してから10年後にあたる28歳に輝く女性を育てようという教育目標「28project」があります。

なぜ、28才なのか？　女性にとってそのあたりの年齢が、仕事ではさまざまな経験を積み、プライベートでは結婚や出産という選択肢が生まれるターニングポイントになりやすいからです。
また親も定年退職などを迎え、あまり頼ることのできない年齢にも差しかかります。
そんな年齢の時に、周囲と調和しながらいろいろな選択肢を持つことができるためのコミュニケーション能力を、中学高校の6年間で身につけさせることを目標にする、そのための指針が「28project」なのです。

その結果、親世代のビジネスパーソンの間でも学校の存在を知られるようになり、ブランドイメージ向上に大きく貢献しています。
もともと建学の精神として「子どもたちが大人になった時、仕事を持ち、社会に貢献してほしい」という考えがありました。その精神に立ち戻った時、学生時代にさまざまな体験をさせて、見聞を広めてあげたいと思ったことがこのプロジェクトが始まったきっかけだったといいます。

当初は希望者を募って、日本の伝統芸能を鑑賞しに行ったり、社会人に話をしてもらったりしていました。それが徐々に全校に広がり、今では「企業とのコラボレーション授業」が有名になっています。

これは企業に協力してもらい、生徒たちが商品開発などを行うというものです。実際に商品化されたものもあります。

実際やってみると、生徒たちは、実社会の企画やプレゼンなどが体験でき、大人たちと仕事をすることで視野がグンと広がることがわかりました。

大学合格だけを目標にすると、「数学が苦手」といった理由で文系というようなことを決めてしまいがちです。一方、28歳の時の自分から逆算して考えたら、今何をすべきかが見えてきます。「28project」は、そのための情報を生徒たちに与えるのが大きな目的です。

その結果、生徒たちは、実社会での仕事においては学校とは異なる評価軸があることを、身をもって体験します。自分にそんな取り柄があると気づくと、子どもは俄然やる気を出すといいます。

このように「企業とのコラボーション授業」は、大きな成果がありました。しかしながら、もし「28project」という旗印（＝川上コピー）がなかったとしたらどうでしょう？　何のための「企業とのコラボーション授業」なのかわかりにくいため、ここまで話題になることはなかったでしょう。

また具体的に28歳としたことも重要です。

応援する気持ちを物語にする

イギリス生まれのキットカットは、世界100カ国以上で販売されているチョコレート菓子ブランドです。現在は、スイスに本社がある世界最大の食品飲料会社のネスレが製造販売しています(アメリカのみハーシー社が製造販売)。

日本ではネスレ日本が製造販売し、本国イギリスに次ぐ世界2位の消費国だといいます。また他のチョコレートブランドが、バレンタインデーがある2月が売上のピークになるのに対して、キットカットは受験生応援のチョコレートとして12～1月に売上がピークになります。

もちろん当初からこのようなコンセプトがあったわけではありません。

2000年代の始め頃、キットカットブランドは岐路にたっていました。それまで世界共通のキャッコピーである「Have a break, have a KitKat.」を前面に出したテレビCMを中心に宣伝していましたが、莫大な広告費をかけている割にはあまり効果が上がらず、お母さんが家庭用に大袋で買うというイメージでした。「Have a break」は「休憩しよう」という意味ですが、日本人にとっては「ストレスからの解放」という意味が強いと考え、受験などのストレスにさらされている中高生にターゲットを変えようと考えていました。

ちょうどその頃、九州支店長から本社に以下のような電話が入りました。

「12～1月にかけて九州ではキットカットがよく売れる。鹿児島のスーパーの社長が調べたところ、受験生の親御さんが子供に買っていることがわかった。理由は『きっと勝つ』の方言『きっと勝っとぉ』に似ているから縁起がいいので、お守り代わりに渡しているらしい。受験シーズンにあわせてキットカットの特設売り場に受験生向けのPOPをつくりたい」

広告・広報の責任者はその言葉にピンときて、「**キットカット＝受験生を応援するお守り**」というコンセプトで「キットカット受験生応援キャンペーン」を始めることを決断しました。ただし、キャンペーンを始める前に絶対に守るべきと決めたルールがありました。それは「キットカットはきっと勝つ」などのテレビCMは一切流さないということでした。

メーカー側から直接発信すると、商売に利用していると思われ確実に拒否反応が生まれる。あくまで消費者の間に勝手に広まっていくような仕掛けを考えようというルールでした。

キャッコピーは「キット、サクラサクよ。」というフレーズに決まりました。昔の受験の電報にあった「サクラサク」。これなら、受験生の心に寄り添うメッセージになると考えたのです。

もちろん「キットカット＝受験生を応援するお守り」はすぐに浸透したわけではありません。最初は、予備校などで販売してもまったく反応がなかったといいます。しかし、数年かけてじわじわと浸透していきました。ちょうど新たなコンセプトを考えている中で、たまたまかかってきた一本の電話を見逃さずに取り入れたことが、大成功の要因になりました。

あなたの商品でも「応援する気持ち」を物語にできないか考えてみましょう。

81

ダジャレを物語にする

たったひとつのダジャレから、物語が生まれることもあります。

2012年、それまで山陰地区に店舗がなかったスターバックスコーヒージャパンが、島根県松江市に出店することを発表。これで47都道府県でスターバックスの店舗がないのは鳥取県のみになりました。

その時、テレビ番組のインタビューに答えた鳥取県の平井知事のひと言がのちに鳥取に大きな経済効果を生む1行になりました。

それは以下のフレーズでした。

鳥取はスタバはないけど、日本一のスナバがある。

スナバとはもちろん、鳥取砂丘のことです。この1行はSNSで大きな話題になりました。

当時、鳥取駅前で居酒屋を経営していた地元企業ぎんなんグループは、周辺に大手居酒屋チェーンが出店してきたことで苦戦を強いられていました。この知事の発言を聞き「スタバがないなら、すなば珈琲という喫茶店に営業転換しよう」と思い立ちました。そして 平井知事にも了承をとりつけて、2014年4月鳥取駅近くに「すなば珈琲」をオープンさせたのです。オープン時には平井知事が花を持ってかけつけ、その様子がYahoo!ニュースのトップに掲載されて大きな話題となり、上々のすべりだしになりました。

開店から1年後の2015年、ついにスターバックスが鳥取県に進出することが決定。しかも場所は鳥取駅をはさんですぐ近くです。SNSでは「すなば珈琲は大丈夫か？」などという声が上がりました。しかし「すなば珈琲」はこのピンチを注目してもらえる大チャンスととらえました。

鳥取に初めてできたスターバックスシャミネ鳥取店には、開店前から1000人を越える行列ができました。これは国内のスターバックス史上初めての事態で、東京からもレポーターが数多くかけつけ全国的にも大きなニュースになりました。

そんな中、すなば珈琲も崖っぷちを演出して「大ピンチキャンペーン」を実施。「スタバのレシート持参でコーヒー半額」「まずかったら無料」などを掲げ、こちらも早朝から行列ができました。このキャンペーンからすなば珈琲の知名度は全国区になり、繁盛店になりました。そして2016年には、鳥取県内観光地認知度ランキングで「鳥取砂丘」「水木しげるロード」「大山」に続く4位になるまでになったのです。

また2015年には、鳥取市内におけるコーヒー文化、喫茶・カフェ文化を振興する事を目的に「鳥取珈琲文化振興会」を設立。もともと昔から喫茶店の数が多く、コーヒー文化が浸透していた鳥取市でしたが、この活動の成果もあり、2016年には県民ひとりあたりのコーヒー購入額が全国一位となりました。

2023年3月現在、すなば珈琲は鳥取駅前だけでなく、鳥取砂丘コナン空港や米子鬼太郎空港をはじめ、県内各地に店舗を展開しています。

知事が語ったダジャレが、結果として大きな経済効果を生み、「物語」になっていったのです。

82

不満を解決する商品をつくる

多くの人がその商品に抱いている不満を解消するような新商品をつくると、「ストーリー」や「エピソード」が生まれることもあります。

大阪で70年超えの歴史をもつ小さなミシンメーカー「アックスヤマザキ」は、ミシンが「一家に1台」の時代は大手メーカーのOEM生産で成長しました。しかし1990年末をピークにミシン市場はしぼむ一方。三代目の社長に山﨑一史さんが就任した2015年には、大きな赤字で倒産も危惧される状況になっていました。

このままでは先がない。これまでのOEM生産から、自分たちのオリジナル商品をつくることに舵を切りました。

まず、子育て世代のお母さんたちの声を徹底的にヒアリングしました。そんな中で小学校の家庭科で使ったミシンが難しくて、そこから苦手意識を持ってしまった人が多いという意見が数多く寄せられました。

そこで、子どもの頃から楽しく使える「簡単・安全」な玩具ミシンの開発に着手しました。ただでさえ市場が縮小し家にミシンがない家庭が増えている中で、将来に向けて少しでも布石をうっておこうという狙いでした。

しかし「簡単・安全」とミシンで使う「針」の両立はなかなかうまくいかず、発売までに3年の月日がかかりました。最終的には針を使って毛糸を差し込み、繊維とからめることで布を圧着させるという方法をとり、『毛糸ミシンHug』という商品名で発売しました。

この商品により、業界最大手のおもちゃ屋や問屋などの販路開拓に成功。メディアにも多く取り上げられて用意していた２万台が２ヵ月で完売しました。結果、１億の赤字は翌年黒字にＶ字回復したといいます。

その後、子どものいるお母さんから「ミシンをちょっとやりたいだけなのに本格的な高機能ミシンしかない」「ミシンはとにかく場所を取る」「生活感がありすぎるのでママ友が来た時は隠している」などの不満を聞くことができました。

これこそメーカーが解決すべき課題だと考えた山﨑さんは、「最低限の機能で簡単に操作できる」「場所を取らない」「スタイリッシュでミシンだと気づかない」といった特徴を持った『子育てにちょうどいいミシン』を開発し、2020年３月に発売。

ちょうど新型コロナウイルスが流行し始め、マスク不足だったことが追い風となり、当初予想していた販売数の３倍を超えるヒットとなりました。

多くの人がその商品に抱いている不満を解消するような新商品を開発しましょう。「ストーリー」や「エピソード」が生まれることもあります。

83

社会貢献から物語が生まれる

本業に社会貢献をからめることで「魅力的なエピソード」が生まれ、ストーリーになっていくことがあります。

一般的に企業による社会貢献活動は、余裕のある大企業がCSR活動の一貫として実施することが多いと思われています。

しかし、従業員10人以下にもかかわらず、「社会貢献活動」を事業の中心にすえることで、世間から注目されているオフィス用品の販売会社が京都にあります。それが「カスタネット」です。

同社の社長である植木さんは「規模が小さく経営も苦しい企業だからこそ、社会貢献に力を入れるべきだ」と語ります。

カスタネットは創業以来、赤字が続き苦しい経営状況が続いていました。そんな状況を大きく変えたのが社会貢献活動でした。赤字経営が続く中、ひょんなことからカンボジアに文房具を送る活動に参加したことが、数多くのメディアに取り上げられたのです。社長の植木さんはそこから「社会貢献活動をすることで、世間に注目され、信用が増す」ということを学びました。

「赤字企業なのに社会貢献なんてしている場合か？」と社内外から冷ややかな目で見られる中でも、障害者スポーツなどへの協賛など、社会貢献活動を続けていたのです。

そんな中、ある会社から「社屋を新築するのでオフィス機器一式を任せたい」という大型発注がありました。発注の理由を聞くと「どうせだったら社会貢献をしている会社から購入したい」という答えが返ってきたのです。その瞬間から、社会貢献と事業が共鳴し始め、いろいろな企業から大きな注文が舞い込むようになります。

このようなサポーターのような感情を持ったお客さんが増えていったおかげで、黒字転換。事業は軌道に乗り始めます。社会貢献に力を注いだおかげでした。

売っている「オフィス機器」はいわばどこの会社でも買えるものです。普通であれば価格競争になってしまうところです。ところがカスタネットは「オフィス機器」を売っているのではなく、「社会貢献から始まるいろいろな物語」を売っているので、同業の他社とは違う独自の存在になっています。

あなたの会社やお店も本業に社会貢献をからめることができないか考えてみましょう。

そこから「物語」が生まれることもあります。

84

「もったいないを救う」という物語を売る

前項の「社会貢献」と事業を結びつけることに関連しますが、世の中にあふれる「ムダ」「もったいない」などを事業に結びつけると、「ストーリー」が生まれることがあります。

SDGsが浸透している現代においては共感を覚える人が多いでしょう。

東京の有楽町に「築地もったいないプロジェクト魚治」という魚専門の居酒屋があります。

このお店、味や鮮度には問題がないのに「規格より大きい・小さい」「形が悪い」「漁や運送時についたキズがある」「獲れすぎた・旬からずれている」「漁獲量が少なすぎて取引の対象にならなかった」「セリで売れ残った」などの理由で廃棄されてしまう魚たちを看板メニューにした居酒屋です。実は上記のような理由で廃棄されてしまう魚は非常に多いのです。

これらの魚にスポットをあてて「もったいないをおいしいに」変換し、世の中に「もったいない食材の価値」を広く知ってもらうことが、このお店の目的です。

メニューには、その魚が、なぜもったいないかの理由がきちんと説明されています。たとえば高級魚のノドグロは「トロール漁でウロコが傷ついたので売り物になりませんでした」というような理由が、毛ガニは「運搬中に足が一本折れてしまいました」というような理由が、それぞれ記載されています。

売り物にはならなかったとはいえ、卸売市場でナンバー１といわれた仲卸人が選んだ逸品なので、鮮度や味は折り紙つき。値段もリーズナブルなのですが、「もったいない食材」の価値を知ってもらうために、あえて「安さ」は訴求していません。

おそらくお店に来ているお客さんも、単に「おいしい」「安い」からだけでなく、この取り組みに共感している人が多いのではないでしょうか。

この店が成功して似たようなお店が増えれば、廃棄されるもったいない魚が大幅に減る可能性を感じるからです。

いわば、このお店は、単に「魚」を売っているのではなく、「もったいないを救う」という「想い」を売っているのであり、お客さんはその物語に共感して来ているのかもしれません。

あなたの会社やお店で「もったいない」を救うことはできませんか?

85

「事業の目的」を変える

事業の目的を変えることで、新しい物語が生まれることがあります。

タニタは、2000年代までは、ヘルスメーター（体重計・体脂肪計）などの計測器メーカーとして知る人ぞ知るという存在の会社でした。しかし最近は「タニタ食堂」「タニタカフェ」「TANITA FITS ME」などいろいろな事業を展開する「健康づくりに寄与している企業」というイメージが強くなっています。

こうなったのは、一般的に思われているように2010年に発売された『体脂肪計タニタの社員食堂』シリーズが500万部を超える爆発的なヒットとなったことだけが原因ではありません。過去から現在に至るまで「事業の目的」を変え続けてきたことが、タニタの現在の発展に繋がっているのです。

シガレットケースやトースターなどの製造を行っていたタニタが、体重計の事業に参画を決めたのは1950年代の後半。その頃の日本はまだ「体重は銭湯の体重計ではかるもの」という考えが一般的でした。しかし既にアメリカの一般家庭には一家に1台の体重計が使用されていました。それを知った当時の社長は、やがて日本もそのようなライフスタイルが一般的になるだろうと考えました。そこで国産の体重計の開発に着手。1959年、家庭用の体重計をヘルスメーターと名付けて販売を開始しました。

その考えは当たり、高度成長時代を通してヘルスメーターの売上は好調でした。しかし多くの家庭にいきわたった1980年代には 業績は低迷し、赤字へ転落。結果、それまでの「体重計」を作って売るビジネスからの変換を余儀なくされたのです。そんな状況下で、自社が提供する「体重計」の意味を掘り下げっていった結果、「健康」というキーワードにたどりつきました。そこで「体重計を売るビジネス」から「体重をはかることで人々に健康を提供するビジネス」へ事業の目的を変えていったのです。

そこから開発されたのが「体脂肪計」です。「肥満は体重が重いことではなく、脂肪の量が多いこと」という医師の言葉を受けて開発。1994年に乗るだけで計れる家庭用の体脂肪計を商品化すると爆発的なヒットを記録します。そもそも体脂肪という言葉はタニタが発明したものだといいます。さらに健康を提供する企業の社員が肥満では困るということから、1999年社員の健康の維持・増進を目的とした社員食堂をオープンします。

コンセプトは「おいしく、お腹いっぱい食べていたら、知らないうちにやせていた」です。最初はマズイと悪評も多かった社食ですが、試行錯誤していく中で味も改善されていきます。これが出版社の編集者の目にとまり、書籍の大ヒットに繋がりました。

現在のタニタは、さらに事業目的を発展させて「『健康を測る』から『健康をつくる』」にしています。これまでは「商品」を通じてお客さんの健康をサポートしていたのですが、そこからありとあらゆる方法で「お客さんを健康にする」を事業目的にしたのです。

それによりさまざまな分野に事業を拡大して成長しています。

あなたの会社は、事業領域を見直すことで、大きく発展をとげる可能性はありませんか？

86

「志」を売る

神奈川県藤沢市北部にある株式会社みやじ豚。社長の宮治勇輔さんは、2006年に父親が営んでいた養豚業を株式会社化して引き継ぎました。それまで「神奈川県産の名もなき豚」だったものを「みやじ豚」としてブランド化することに成功しました。また「NPO法人農家のこせがれネットワーク」を立ち上げるなど、今もっとも注目をあびる一次産業の担い手のひとりでもあります。

もともと家業の養豚農家を継ぐつもりはなく、サラリーマンをしていた宮治さんですが、たまたま農業関係の本を読んだ時、怒りにも似た感情がわき上がってきました。

特に問題だと思ったのは、「①生産者に価格決定権がない」「②生産者の名前が消されて流通する」の２点でした。

こんな状況では誰も新しく農業をやろうなんて思わない。ただでさえ日本の農家の平均年齢は60代。10年後・20年後に日本人の胃袋を支える農業はどうなっているのだろう？　そんなことを考えているうちに、自分が家業を継ぐという選択について真剣に考えるようになりました。

2005年、宮治さんは、会社を辞めて実家に戻ります。「このような時代に養豚農家の長男に生まれてきたのは、何かしらの意味があるのかもしれない。『農畜産業界を変革せよ』という天命かもしれない」と思うようになったのです。その時、「一次産業を“きつい、汚い、かっこ悪い、臭い、稼げない、結婚できない

6K産業”から、“かっこよく、感動があって、稼げる”の新3K作業に変革する」するという「志」をたてました。

宮治さんは自宅近くの観光果樹園を借り、みんなに味を知ってもらうために「みやじ豚バーベキュー」を開催することに決めました。大学時代の友人や、会社員時代の元同僚など1000人近くにメールを送ります。そこには日本の一次産業を変えていくための「志」が熱く記されていたのです。

宮治さんの熱い思いが多くの人の心を動かしました。多くの人々がバーベキューに来てくれたのです。また一度来てくれた人は、職場や家庭で口コミをどんどん広げてくれました。

味がおいしく、週末に東京から離れてみんなでバーベキューをしながら交流するというイベント性がうけました。それだけではなく何よりも宮治さんの「志」に共感したのです。おかげでお客さんの人数は回を重ねるごとに増えていきました。

「みやじ豚」の名前はどんどん浸透し、直接扱わせてほしいというレストランなども増えていきます。瞬く間に「神奈川のトップブランド豚」といわれるようになったのです。さらに宮治さんは「都会でサラリーマンをしている、実家が農家の子どもたち」のことを「農家のこせがれ」と名付けます。実家の農家を継ぎたいけれど勇気が出ない「こせがれ達」を支援するのを目的に「NPO法人農家のこせがれネットワーク」を立ち上げました。

宮治さんは、なぜ、そんなに短期間で、多くの人間の支持を受けるようになったのでしょう？　それは宮治さんの「志」に、多くの人が心を動かされたからに他なりません。

87

何か一点に徹底的にこだわる

何か一点に徹底的にこだわることで「エピソード」や「ストーリー」が生まれることがあります。

青森県三沢市にある星野リゾート「青森屋」のスローガンは「のれそれ青森」です。“のれそれ”は、津軽弁で「めいっぱい、全力を出し切って」という意味。つまり「のれそれ青森」とは、“徹底的に青森にこだわる”という意味になります。

実はこのホテル、「のれそれ青森」をキーワードに、どん底から復活しました。
そもそもこのホテルの前身は、古牧グランドホテルです。最盛期は人気ホテルでしたが、拡大路線が裏目に出て、2004年に220億円の負債を抱え倒産しました。
翌年、債権者であるゴールドマン・サックスからこのホテルの再生事業を委託されたのが、全国でさまざまなリゾート地の立て直しを行ってきた星野リゾートでした。しかしこの巨大な施設を立て直すのは一筋縄ではいきませんでした。

まず再建に向けての「旗印」になるコンセプトを定める必要がありました。激安プランをやめたことで稼働率は下がり続け、どん底状態。しかしそんな中でも、星野リゾートから派遣された当時の総支配人である佐藤大介さんは、従業員たちから新たな「旗印」が生まれてくるのを待ちました。

いろいろな試行錯誤を続けたのち、従業員たちが発見したのは「結局、このホテルの魅力は設備や料金ではなく、青森の魅力なんだ」というシンプルな事実でした。

そしてその思いを１行の言葉にしたのが「のれそれ青森」です。

厳密にいうと、このホテルがある三沢市は南部地方に属しているので、津軽弁は使いません。しかしお客さん目線でいうと、そんな細かなことよりも一般的にイメージする青森を徹底的に体感したいのが本音です。

「青森」と聞いて、みんなが一番イメージしやすい津軽弁をあえて使うことで“徹底的に青森にこだわろう”という強い意志が込められています。従業員の９割が青森県人というホテルならではの一行です。

この言葉が、フロント、営業、レストランといったスタッフ全員に共有され、社員一丸となって新しく生まれ変わろうという意識が芽生えた時、古牧グランドホテルは、青森屋へと変貌を遂げることになりました。「のれそれ青森」は、まず食堂から始まって、やがて全館に全従業員に徹底されることになります。

そして青森屋は奇跡の再生を果たすことになるのです。

何か一点に徹底的にこだわってみましょう。「エピソード」や「ストーリー」が生まれる可能性があります。

88

「決意表明」や「宣言」を売る

何かしらの「決意表明」や「宣言」をして、それとリンクする活動を行い、商品と結びつけることができれば、「ストーリー」が生まれることがあります。

広島市に本社がある「フレスタ」は、広島、岡山、山口の3県で関連業態を含め60店舗以上を出店しているスーパーチェーンです。

創業1887（明治20）年という老舗ですが、2014年に「ヘルシストスーパーになる」という「決意表明」をしました。ヘルシストというのは「最上級の健康」という意味ですが、それは単に「健康的な食品」を売るということではありません。

「活気のある接客を生き生きとした従業員が行い、地域の食文化を守りながら、身体に“よい”基準を満たす商品が豊富にあるという状態」のことをいいます。

そのためにフレスタでは社員の健康増進に力を注いでいます。まず取り組んだのが、健康診断でメタボリック症候群と判定された社員の数値改善プロジェクトです。提携する病院などでの食事指導、メディカルチェック、ジム通いと本気で取り組むことによって、多くの社員がメタボを改善しました。「『健康』をキーワードにアピールしても、まずは私たちが健康でないと説得力がない」という思いからです。

さらに「1日1万歩」「毎日筋トレ」「野菜を食べる」など、社長以下全従業員の胸に、名札とともにピンクの紙がつけられています。各自が自身の健康目標を掲げた「私が挑む健康宣言」という取り組みです。名札をきっかけに、従業員同士や従業員とお客さんとの間のコミュニケーションが活発になることも狙っています。

一方、店頭では、健康を売り物にしたプライベートブランド商品の展開を増やし、詳しい商品説明や健康になる食べ方の提案などのパネルを設置。「ヘルシストスーパーになる」という決意表明とあった店づくりを行いました。
また、お店に入ってすぐの場所に、各売り場の責任者の写真と名前、６つの約束という理念が掲げられています。

社をあげて「健康」に取り組んでいるからこそ、店頭で売られている商品に説得力が生まれます。このような取り組みが評価されて、ファンを増やしているのです。

何かしらの「決意表明」や「宣言」をしましょう。それとリンクする活動を行い、商品と結びつけましょう。
そこから「魅力的なエピソード」が生まれ、ストーリーになっていく可能性が高まります。

89

大手企業に立ち向かう姿を売る

大手企業に立ち向かう姿勢を発信することでストーリーが生まれることもあります。

2012年に開業し、たった４年で10億ドルの価値を持つまでになったアメリカのネットショップの「ダラー・シェーブ・クラブ(Dollar Shave Club)」の事例を紹介しましょう。大手企業に立ち向かうという「熱い物語」を生み出したことによって、多くの消費者から熱い支持を得た企業の好例です。

「ダラー・シェーブ・クラブ」は、マイケル・デュビンとマーク・レヴァインが2011年に立ち上げた「リーズナブルなヒゲそりを定期購入で売ること」を事業目的とした会社です。

2012年３月、彼らは本格的にネットショップを開業することになりましたが、大きな問題がありました。当たり前ですが、「ダラー・シェーブ・クラブ」の知名度はほぼゼロです。これでは会員は集まりません。

そこで自分たちの思いを込めた動画をつくり、YouTubeに投稿してPRすることを思いつきます。動画はデュビン氏が企画し、自ら主役として出演しました。

その中で彼は、コメディタッチで放送禁止用語を交えながらも、次のようなことを真面目に語りました。

「俺たちのカミソリはクソいいぜ！（中略）
ブランドのカミソリに月20ドル払うのは好きか？（中略）
カミソリに振動やライトや10枚刃は必要か？
必要のないシェービングテクノロジーにお金を払わないで、
毎月のカミソリへの支払を忘れないようにしよう」
（動画「DollarShaveClub.com - Our Blades Are F***ing Great」より〈日本語訳は著者〉）

要は、自分たちのクラブが、当時市場の98％を占めていた大手メーカーの陰謀に立ち向う主人公であるという「物語」を生み出したのです。たった２人で始めたこの無名企業が4500ドルの制作費でつくった動画は、大反響を呼びました。彼らの「熱い物語」に共感する人たちが続々現れたのです。

投稿からわずか二日間でYouTubeの再生回数950万回、Twitterのフォロワー23,000人、Facebookファン数76000人、そして顧客12000人を獲得しました。１週間後には会員数２万5000人、売上180万ドルを達成します。

その後もダラー・シェーブ・クラブの会員数は順調に伸び、その後４年で320万人の会員を擁して、２億ドルの売上を上げるまでに成長しました。

そして2016年７月、世界的企業であるユニリーバが、ダラー・シェーブ・クラブを10億ドルで買収したのです。

特に革新的な技術があったわけでもない、どこにでも売っているような消耗品を定期的に売るというアイデアを、物語にして訴えたことでダラー・シェーブ・クラブは莫大な価値を生み出したのです。

CHAPTER

5

個人のストーリーの見つけ方

業界の当たり前を言語化する

ここまで、会社やお店がストーリーを生み出す方法について見てきました。ここからは、個人におけるストーリーの見つけ方についていくつかご紹介しましょう。

個人がストーリーブランディングするには、216ページでご紹介する「三種の神器」を固める必要があります。しかしそれが有効にするには、まず何らかの形で「一点突破」して、世の中の人にあなたの存在を知ってもらう必要があります。

一点突破する方法のひとつ目は「業界の当たり前を言語化する」という手法です。

その業界にいる人ならみんな知っているような当たり前の知識やノウハウであっても、外の人には「知らなかった」「それはすごい」「役に立つ」と思ってもらえることが往々にしてあります。

弁護士、公認会計士、税理士、司法書士、行政書士、社労士などの士業や、医師、看護師、薬剤師、鍼灸師など医療関係の職業であればわかりやすいでしょう。しかし、あなたがこのような特別な職業についていなくても大丈夫です。

「製造」「販売」「IT」「金融」「証券」「外食」「不動産」「エネルギー」「商社」「広告」「出版」など、どんな業種であっても、「業界では当たり前だけれど、外の人が聞くと感心するような知識やノウハウ」があるはずです。

職種も同様です。「営業」「企画」「マーケティング」などわかりやすいですが、そうでない「総務」「経理」「人事」などの管理部門であっても、「その部署では当たり前だけれど、外の人が聞くと感心するような知識やノウハウ」があるはずです。もちろん会社・団体・個人の機密保持にかかわることはダメですが、抽象化して伝える分には問題ないでしょう。

また、ライター、デザイナー、イラストレーター、ナレーター、フォトグラファーなどのフリーランスが多い職種でも同じです。

たとえばあなたが、雑誌やWEB媒体に記事を書くライターだったとします。AIが台頭する中で、普通にライティングの仕事をしているだけでは将来が暗いかもしれません。しかし、仕事で得た取材やライティングのスキルは、一般人からすると貴重です。そのスキルを言語化してブログやSNSなどで発信していくイメージです。

内容は「ライター業界」では当たり前のことでもかまいません。世の中の多くの人は、「実用で使える文章術」を習ったことがありません。社会人にとっては一番必要な技術だと思うのですが、学校では教えてくれないのです。注目される可能性はあるでしょう。やがて勉強会の講師などに呼ばれるようになり、そのうち「文章術」の本の執筆オファーが来るかもしれません。

実際、同じようなプロセスで、数多くの著書を持つようになって有名になった方を何人も知っています。

あなたも自分の業界や職種ならではの知識やノウハウを、わかりやすくブログやSNSで発信してみましょう。思いも寄らない反響が生まれ、「一点突破」に繋がるかもしれません。

91

興味あることを突きつめる

一点突破する方法の二つ目は「沸き上がるほど興味があったり、好きだったりすることをとことん究めること」です。
『マツコの知らない世界』というテレビ番組には、いろいろなジャンル、たとえば「かき氷」「バター」「駅弁」「ポン酢」「プラレール」「終着駅」「ジェットコースター」「県境」「富士登山」「キャリーケース」などを究めた人が登場します。かき氷であれば年間1800杯食べる、バターであれば1日1キロ食べるといった猛者たちです。
「自分の興味にどっぷりはまる」ことで一点突破するというのは、この番組に出演する人のようなイメージです。

既にどっぷりはまっているものがあれば、それを突きつめていけばいいのですが、そんなものはないという人も多いでしょう。そんな時は「戦略的にはまる」という方法もあります。

日本各地の400以上の醤油蔵からセレクトした醤油を100mlの小瓶で販売する専門店「職人醤油」を運営する高橋万太郎さんは、学生時代から起業志向を持っていました。
高性能の精密機器を扱う会社に就職しましたが、数年で辞めて独立するつもりでした。しかし何の事業で起業するかは思いつかず、仕事をしているうちに何やりたいことが見つかるだろうと考えていました。しかし3年たっても、やりたい仕事が見つかりません。会社では営業担当だったので、自分の営業力を生かせる分野をリストアップしていくうちに目にとまったのが「日本の伝統産業」というキーワードでした。

そこで会社を退職し、日本全国の伝統産業の現場を見に行くという「新婚旅行」を兼ねた「マーケティング旅行」に出ました。２年は貯金でしのぎ、ダメならサラリーマンに戻るつもりでした。

３カ月の旅を終え、高橋さんは数ある伝統産業の中から「醬油」に絞ることを決めます。

なぜなら食品の中でも「日本酒」「緑茶」「味噌」などに比べると、ほとんど専門店がないという状況で、ライバルがいないからという理由でした。自分の営業力があれば、職人たちが自信を持ってつくっている全国の醬油を売れると思ったのです。

高橋さんは、そこから「醬油」に徹底的にどっぷりはまりました。全国の蔵元をめぐり、製造方法について、設備について尋ね、徐々に醬油に関する知識を深めていったのです。

そして、100mlのミニサイズで販売することを思いつきます。醬油はすぐに減るわけではないので、自分がお客さんの立場になると、多少割高になってもミニサイズのものをいろいろ試してみたいと思ったからです。

こうして、「職人醬油」をオープンし、そこで販売を始めました。最初は８種類しかなく、なかなか売れませんでしたが、取り扱う蔵元を増やしていくと、徐々にメディアの取材が入るようになります。

高橋さんの場合は、最初から「醬油」に興味があったわけではありません。自分の「スキル」を一番生かせ、自分が素晴らしいと信じることのできる仕事を探し求めたことで、「一点突破」したのです。

92

狭い分野でナンバー1になる

「第一人者」という言葉がありますが、やはりどんな分野であれ一番詳しいということになれば信用されます。そこから一点突破できれば、あなたのストーリーが生まれます。

「そんな簡単にナンバー１になれたら苦労しないよ」と思ったかもしれません。だからこそ、市場をうんと狭くするのです。自分がナンバー１になれる可能性がある、勝ち目のある市場になるまで絞り込み、そこで戦うのです。

どんなに小さなエリアでも、どんなに小さな分野でもかまわないので、まずナンバー１になることができれば一点突破しやすくなります。

埼玉県の行政書士の杉井貴幸さんは、狭い分野でナンバー１になり名前を知られるようになりました。行政書士は、試験は難しいのですが、そこから開業して事業を継続していくのもまた難しく、「開業３年で廃業率７割」といわれています。

NHKの集金スタッフという過酷な職場で鍛えられた杉井さんは、「行政書士の廃業率は開業３年で７割」という話を小耳にはさみます。それを聞いて「チャンスだ」と思いました。

難関試験を通ったにもかかわらず開業後すぐに事務所を閉じるのは「営業力がないからだ」と考え、自分がNHKスタッフ時代に編み出した「知恵」「戦略」「営業力」をもってすれば、きっと商売を繁盛させられると思ったからです。

苦手な勉強を克服して行政書士の資格を取った杉井さんは、2015年に開業しました。しかし行政書士のメインの業務である民事法務や許認可などにはライバルが数多くいます。新参者の自分がいきなり参入してもうまくいかないだろう。

そこで杉井さんがホームページなどで第一に掲げたのが「ペット法務」の仕事です。

「ペット法務」とは、「犬の登録申請」「犬の死亡届申請」「迷惑行為対策」「家族一員証の発行」などの業務のことです。

「ペットのトラブルのことなら、うちの事務所に……」とあえて狭い分野に特化することで注目を集めるはずだ。ドッグサロン、ペットショップ、ブリーダーなどに狙いを絞って営業をかけることもできる。さまざまな事例や経験を積み重ねることができ、専門性が高まる。自分も犬を飼っていることから、お客さんとの話もはずみ信用してもらえるはず。そこから別の仕事に繋がるだろう。杉井さんの読みはあたりました。

実際に、最初はペットのことで仕事を依頼したお客さんが、「こんなこと頼めるかな？」と別の案件でも声をかけてくれることが多く、他の法務の仕事も広がっていきます。

そして、このような地道な顧客獲得の営業スタイルが、編集者の目にとまり著書まで出すようになったのです。

あなたも「狭い分野でのナンバー１」を目指しましょう。そこから「物語」が生まれ、「一点突破」に繋がるかもしれません。

93

ノウハウを法則化して わかりやすく伝える

今まであまり語られてこなかったノウハウを、きちんと法則化して伝えると、それを知りたかった多くの人たちに、とても役立つと感じてもらえます。

またその法則が印象深いものであれば、それだけがひとり歩きして、あなたの価値を高めてくれることもあります。

たとえば、40ページで紹介した「ストーリーの黄金律」などもその一例です。ハリウッド映画やドキュメンタリーでよく使われる手法をシンプルに言語化して、「人類共通の感動のツボ」として紹介したもの。「ストーリーブランディング」という言葉を生み出した時に、なぜ人が感動するかについて、オリジナルのわかりやすい「法則」を打ち出したいと思っていたことから開発したものです。

「ストーリーの黄金律」は、数多くの書籍や新聞・雑誌・テレビ番組などで引用されました。

特に、新聞の一面にあるコラムでは、よく引用していただいています。私自身、その後もこうやって本を書き続けることができているのは、デビュー作でこの「ストーリーの黄金律」というオリジナルの法則を発表できたからだ、とさえ思っているくらいです。

改めて見ると、ごくごく当たり前のことを法則にしたにすぎません。多くの人も、何となく「そういうストーリーには感動してしまうよな」と思っていたことでしょう。でもそれを言語化し

「ストーリーの黄金律」と名付けて法則化したからこそ、価値が生まれ、いろいろな方に引用してもらえたのです。

あなたにも、何かきっと法則化できることがあるはずです。普段やっている仕事でもいいですし、趣味に関することでもいい。実際に何かを体験したことから学んだ教訓でもかまいません。SNSやブログなどで発信してみて気づいたことなどでもいい。

まずはそれを法則化して、発信してみましょう。

気のきいた名前が思いつかなかったら、「○○の法則３カ条」などベタなものでもかまいません。もし、それを「役立った」と思う人が数多くいれば、想像以上のことが起こる可能性があります。

たとえばあなたが整体師だとすれば、
「肩こりがラクになる３カ条」
「腰痛がマシになる７カ条」
「頭痛が和らぐ７カ条」
などの法則を考案して、ブログ・SNS・YouTube・TikTokなどで発信していくイメージです。

あなたも「ノウハウを法則化」しましょう。そこから「物語」が生まれ、「一点突破」に繋がるかもしれません。

94

とにかく自分が欲しいものをつくる

自分がものすごく欲しいということは、同じことを思っている人が必ずいるはずです。

たとえその割合は少なくとも、日本中、世界中を探せば、商売ができるくらいの人数にはなります。あなたがどうしても欲しいものがあって、それが市場にない場合はチャンスです。とにかく自分が欲しいものをつくってみましょう。

大阪にある「株式会社ルカコ」の社長仙田忍さんは、関西の女性起業家として注目されている存在です。

仙田さんが起業したのは2013年。子供が４歳と２歳の時のことです。育児をする中で感じた「抱っこひも」に対する不満がきっかけでした。使っていない時にだらーんと垂れ下がるのがイヤだったのです。

「抱っこひも」を収納するケースがあれば問題は解決するのですが、どこにもそんなものは売っていませんでした。ならばと、「自分が欲しいもの」を自分でつくってみました。すると、友達から「私もそれ欲しい」といわれるようになりました。まわりのママにヒアリングすると、需要があることがわかります。

ブログに写真とつくり方をアップしたところ、「私も欲しい」と問い合わせが相次ぎます。仙田さんは「もっとたくさんのママに使ってほしい」と思い、多くの母親から意見を聞いて改良し販売することにしました。起業に使った費用は、ダメでもあきらめのつく5万円。これを使い切るまでの範囲でひとまずやってみようと決意してスタートします。

もちろん最初は誰かを雇用することは考えておらず、パート代くらい稼げたらいいな、という思いだったといいます。

最初は売れたお金で次の生地を買ってつくり、それが売れたらまた次の生地を買ってというペースでしたが、口コミで評判が広がり、育児雑誌にも取り上げられるなど、驚くほどの反響がありました。「抱っこひも」に同じような不満を持っているママがたくさんいたのです。

たった半年で月商100万円を突破し、さすがに一人でまわすのは無理になり、昼間3時間のパートを募集したところ応募者が殺到します。採用の予定は数名でしたが、応募者に申し訳なく思い一気にスタッフ30名を雇用。自宅からすぐの場所に事務所を借りました。

その後も順調に売上を伸ばし、今では数十人のスタッフを抱えるまでになりました。仙田さんは子育て中のママの雇用に貢献していることから、さまざまなスタートアップの賞も受賞しています。

「とにかく自分が欲しいもの」をつくってみましょう。「一点突破」に繋がるかもしれません。

95

二つのジャンルをかけあわせる

ひとつのジャンルで一点突破できないとしたら、もうひとつのジャンルとかけあわせることで希少性を高め、一点突破するという手法があります。

これをわかりやすく説明しているのが、教育改革実践家の藤原和博さんです。

このとき、ぜひ考えてほしいのは、「100人に1人」なら誰でも努力すればなれるということ。だったら、ひとつの分野ではなく、2つ、3つ、異なる分野で「100人に1人」になり、あとは分野そのものを掛け合わせればいいというのがポイントです。

20代のうちにある分野で「100人に1人」になったら、30代では別の分野で「100人に1人」になる。そうすると、「100分の1」×「100分の1」=「1万人に1人」の希少性を獲得することができます。

さらに40代でもうひとつの分野で「100人に1人」になると、今度は「100分の1」×「100分の1」×「100分の1」=「100万人に1人」と同じだけの超レアな人になることができるのです。

(『藤原和博の必ず食える1%の人になる方法』藤原和博(東洋経済新報社)より)

本を読んでいるあなたは、おそらく何らかの専門分野を持っているでしょう。だとしたら、もうひとつ何か別の専門分野をかけあわせると「レアカード」になる可能性があります。

自分の人生を振り返ってみると、これとこれを結びつければレアカードになる、という原石が眠っているかもしれません。

たとえば私自身、広告会社を辞めた後、コピーライターとして広告制作の仕事をしながら、舞台・ドラマ・映画などの脚本を書いていました。しかしどちらも思うようにはブレイクせず、行きづまっていました。そんな時、両方のスキルをかけあわせたらどうだろうということを思いついたのです。

そこから「ストーリーの持つ力をビジネスに導入する手法」について研究するようになり、それが本書で紹介している「ストーリーブランディング」に繋がっていきます。

その際、広告業界で学んできた「売る手法」「話題にさせる方法」、シナリオで学んできた「物語のつくり方」「人を感動させる法則」、コピーライターとして会得した「強い言葉を生み出す技術」など、今までバラバラにやってきた仕事がすべてひとつになって使えることに気づいたのです。点と点が結ばれた瞬間でした。

あなたも二つのジャンルをかけあわせてみましょう。一点突破に繋がるかもしれません。

あなたの価値を高める「三種の神器」①旗印の1行

さて、ここからは、「個人のストーリーブランディング」を実施する際、重要になってくる三種の神器についてお伝えしましょう。

今まで述べてきたように、何かで「一点突破」ができた段階で、この「三種の神器」を確立するのが望ましいといえます（もちろん先にこちらを組み立ててから一点突破を目指すのもアリです）。

〈個人のストーリーブランディングの三種の神器〉

① 相手の心を突き刺す「剣」……**「旗印の1行（川上コピー）」**
② あなたを輝かせる「鏡」……**「プロフィール」**
③ 幸運を運んでくる「玉」……**「タグ」**

①旗印の1行の掲げ方

「旗印の1行」をつくる上で、まず考えなければいけないのは、あなたが多くの人の心に何を突き刺したいかです。何が目的なのかはっきりさせましょう。それによって、使うべき言葉が決まってきます。複数の目的を一度に満たそうとすると、大抵は失敗します。

「旗印の1行」は「物語の主人公」としての決意表明でもあります。

それによって自分自身を鼓舞し、「自分はその目的のためにやっているんだ」「自分は物語の主人公だ」といい意味で自分を騙すという目的もあります。

ただし、いくら素晴らしいビジョンや決意表明があっても、長い時間をかけて説明しなければならないようでは、人にはなかなか伝わりません。「凝縮された1行」があって初めて多くの人に伝わっていきます。

現在、私は、この「旗印の1行」のことを「川上コピー」と呼んでいます。すべての活動の源流に位置する重要な言葉だからです（76ページ参照）。

「旗印の1行」である「川上コピー」は、世の中に自らの「志」「目標」「ビジョン」を宣言するのが王道です。

しかし、まだそのようなことを語るのは早いと感じる方もいらっしゃるでしょう。あなたが現在いるステージによっては、必ずしも「志」のような大きなビジョンでなくてもかまわないと考えます。

使う目的によっては「あなたの強み」「あなたが提供できること」「人とは違うこと」「自分の特徴」などをワンフレーズで言いあらわしたものでもいいでしょう。

しかるべきステージに到達したと感じたら、その段階で改めて「旗印の1行」「川上コピー」を書き換えればいいのです。

「旗印の1行」の「剣」をつくる時に一番気をつけなければならないのは、ついつい手垢にまみれた耳触りのいいフレーズを使ってしまうことです。それでは誰の心も突き刺せないし、誰の記憶にも残りません。

97

あなたの価値を高める「三種の神器」②あなたを輝かせるプロフィール

「個人のストーリーブランディング」の三種の神器の二つ目は、「鏡」にあたる「プロフィール」です。

会社員の方がプロフィールを書くと、履歴書や職務経歴書のようなものになりがちです。それではあなたの価値を輝かせることはできません。会社名や部署名をいわずに、きちんとした自己紹介ができるでしょうか？

一般的に、既にブランドが確立されている著名人のプロフィールは短いものです。それは、プロフィールで心を動かさなくても、名前だけでイメージがわき、信用されるからです。

しかし、そうでないあなたは「プロフィール」で人の心を動かす必要があります。ほとんどの人はあなたのことを知らないので、あなたがどんな人物かを知るにはプロフィールが頼りです。ですから、一番、力を入れる必要があります。

ストレートに書いても「おっ」と思ってもらえるようなすごい経歴があればいいのですが、そうでない場合は、プロフィールにストーリー性を持たせることで、読み手の興味を惹きつけることが必要になってきます。

「そんな心を動かすようなストーリーなんてないよ」と思われた

かもしれません。そんなあなたはまず自分の「人生」「ヒストリー」を書き換えることから始めましょう。

いわずもがなですが、経歴をロンダリングせよ、などといっているわけではありません。これまでの事実は変えられないとしても、そこに新たな意味を持たせよ、といっているのです。

この時、参考にできるのが「桃太郎」「シンデレラ」などの物語です。これらのストーリーに合わせてプロフィールを組み立てていくと「ストーリーの黄金律」にかなうプロフィールをつくることができます。

もちろん、ストーリー性のあるプロフィールを使わずに、ストレートに自分の経歴を書いても「おっ」と思ってもらえるような場合は、そのまま書いても大丈夫です。ただその場合でも、できるだけ「現在」「過去」「未来」の順で書きましょう。

まず、あなたの「現在」の肩書や活動を語ります。

次にどんなきっかけで今の活動を始めようと思ったのか「過去」のポイントを語ります。

さらに自分が何としても実現させたい「未来」の姿で結びます。

「現在→過去→未来」という構成にすると、自然と現在が未来の高い目標に向かう通過点となり、「ストーリーの黄金律」にかなう欠落した主人公になることができるのです。

98

あなたの価値を高める「三種の神器」③a 幸運を運んでくれるお守り「タグ」

「個人のストーリーブランディング」の三種の神器の三つ目は、幸運を呼ぶ「玉」にあたる「タグ」です。

「タグ」とは、そもそも付箋とか荷札という意味です。そこから発展して、検索する時の「キーワード」という意味で使われます。
　個人のストーリーブランディングの「タグ」とは、「○○○といえば××さん」というように、あなたの特徴をひと言で訴求するキーワードのことをいいます。
「タグ」は、時として想像以上の力を発揮し、まさに幸運を運んできてくれる「お守り」のような存在になることがあります。「タグ」があると、人の「検索」に引っかかりやすくなるからです。

　この場合の「検索」とは「ネット検索」のことではありません。人の脳の中での検索に引っかかりやすくなるということです。要は思い出してもらいやすくなるのです。思い出してもらえると、そこから仕事やチャンスが舞い込んでくることがあります。

「タグ」は自分が印象づけたいキーワードを書いた「付箋」と考えるとイメージしやすいでしょう。文章で考えるよりも「単語」で考えた方が、「付箋」の数が出やすい。その「付箋」をどんどん人の頭の中に貼っていくというイメージです。
「付箋」は１種類でなくてはならないという決まりはありません。

しかしまずは何かひとつのタグを覚えてもらって、一点突破した後に色々なタグを加えていくのが望ましいといえるでしょう。

一点突破した後であれば、仕事の本筋から離れたこと、たとえば自分が興味のあることや好きなアーティスなどを「タグ」にしてもかまいません。好きなアーティストを言い続けることで、何かの拍子に思い出してもらえ、そのアーティストに会える仕事が来る可能性もあります。

あなたも、自分のタグを書き出して「タグリスト」にしておきましょう。それぞれの「タグ」をいろいろな機会に何度も発信することで、人の頭に定着させていきましょう。思いも寄らない「ストーリー」が生まれるかもしれません。

あなたの価値を高める「三種の神器」③b 魔よけになる「アンチタグ」

前項でお伝えした「タグ」はあなたに「幸運」をもたらしてくれる「お守り」のような存在です。

だとしたら、「不運」「ストレス」などが近づかないように「魔よけ」を持っておくことも重要です。このような「魔よけ」にあたる単語を、幸運をもたらす「タグ」の反対ということで「アンチタグ」と呼ぶことにします。

「タグリスト」と同様に、「アンチタグリスト」を持っておくと、あなたの行動指針になります。言い換えると「何をやりたくないか」「何をやらないか」を決めるためのリストです。

ただし、これらのアンチタグリストを積極的に発信するかどうかは、あなたがどのような「ストーリーブランディング」をしたいかによります。

たとえばホリエモンこと堀江貴文さんは「電話は他人の時間を奪う行為であり、電話をかけてくるような相手とは仕事をするな」ということをよく発信しています。私自身もその意見に基本的に同意しますが、積極的に発信はしませんし、名刺にもまだ電話番号を記載しています。

なぜなら一定以上の年齢の方には、やはり電話の方が丁寧だと考えていたり、メールなどのやりとりが苦手な方もいたりするからです。また状況によっては、電話でやりとりした方が早い場合もあります。

そのような理由から、私は「電話に出ない」と積極的には発信していませんが、現実的にはほぼ電話には出ないので（そもそも発信音を切っているので気づかない）、現在、よく一緒に仕事をする人で私に電話をかけてくる人は、ほぼいなくなりました。おかげで、電話でやりとりするというストレスが減ったのです。

このように、自分の中のアンチタグリストをつくっておくと、「仕事を受けるか断るか」の判断基準になりますし、「やりたくないこと」も明確になります。
「やりたいこと」と同様に、「やりたくないこと」を明確にしておくことも「個人のストーリーブランディング」をしていく上では重要なポイントなのです。

これであなたは「個人のストーリーブランディングの三種の神器」を手に入れました。

相手の心を突き刺す「剣」である「旗印の１行」
あなたを輝かせる「鏡」である「プロフィール」
幸運を運んでくる「玉」である「タグ」。魔よけである「アンチタグ」

後は、この三種の神器を持って、さらなる上のステップを目指して旅立つだけです。
いい旅になることを祈っています。

100

期待値を1%超える

ストーリーブランディングは、物語によって人の心を動かすことで、「欲しい」「買いたい」「共感する」「応援したい」などの感情を呼び起こすブランディング手法です。

たとえば映画で考えてみましょう。最初から最後まで予定調和のストーリーだとしたら観客はどう感じるでしょうか? あまり心が動きませんよね?
そう、人の心が大きく動くのは、予想しなかったことが起きた時です。

商売においても同じです。人は何かしらの商品を買ったり、サービスを受けたりする時、無意識のうちに「だいたいこんなものかな」という期待値を設定します。
期待値通りであれば、人は満足します。しかし満足したからといって、何か特別な感情がわくわけではありません。残念ながら満足した気持ちはしばらくすると忘れてしまいます。これではリピーターになってはもらえないのです。

人の心が動くのは、商品やサービスが、期待値よりも上回ったり下回ったりした時です。
期待値を下回れば不満に感じます。お店であればもう2度と行かないと思うでしょう。期待値よりはるかに低ければ、怒りがわいてきます。クレームのひとつもつけたくなることもあるでしょう。

期待値を上回った時はどうでしょう？　満足を超えて心が動きます。ベタな言葉を使うと「感動」を覚えます。

ただし、気をつけてほしいのは、ビジネスにおいては（映画などのフィクションとは違い）期待値を上回りすぎてはいけないということです。

あまり過剰なサービスがあると何か裏があるのかと逆に警戒されてしまいます。

また、期待値は一度上回ると、そこが基準になってしまいます。また何か別の方向で期待値を上回る必要があるのです。だから最初に大きく上回りすぎると、後が続きません。だからほんのわずか、1％上回るだけでいいのです。

特に本筋の商品やサービスではなく、お客さんが期待していない部分でちょっとしたことが起きると心が動きます。

以前、冬の寒い日に、ある地方都市のレストランから出た時に、店長が追いかけてきて「ホッカイロ」を渡してくれたことがあります。その店の料理やサービスは忘れても、そのことは記憶に残り続けています。人は期待していないことが起こると、心が動いて特別な感情がわき、その会社やお店のファンになる可能性が高まります。

もし、あなたの会社やお店が、この法則を毎日実行し続けるのであれば、半年後や一年後にはびっくりするような成果を生むことでしょう。

毎回、期待値を1％だけ上回りましょう。そうすれば魅力的な物語が生まれていくでしょう。

おわりに

2008年、私は「物語の力」を使った従来とは違うブランディングの手法のことを「ストーリーブランディング」と名付けました。そして同年11月刊行のビジネス書デビュー作『仕事はストーリーで動かそう』でその名前を発表しました。当時は誰もこの言葉を使っていませんでした。検索しても一件も出てこなかったのです。

それでもあえて商標登録などはせず、前述した本の中でも「ストーリーブランディングというキーワード、どんどん使ってくださいね」と書きました。言葉というものは多くの人に広まって使ってもらうことで価値が生れると考えたからです。それ以降15年間、講演セミナーや書籍などを通じて、微力ながら「ストーリーブランディング」の普及に努めてきました。

2023年3月現在、「ストーリーブランディング」で検索すると数多くのサイトが出てきます。15年の間に、「物語の力で会社や商品を輝かせる」という考えが広まったのはとても喜ばしいことです。そして、改めて考えてみれば、私にとって本書が「ストーリーブランディング」をタイトルに入れた初めての本になりました。

これからも「物語」と「言葉」の力を使って、みなさんのビジネスを輝かせるために尽力させていただきます。またどこかでお会いしましょう。

川上徹也

主な参考図書・サイト

『広告でいちばん大切なこと：My Life in Advertising』クロード・C.ホプキンス 著、臼井茂之・小片啓輔 監修、伊東奈美子 訳、（翔泳社）

知られざる野菜の魅力を伝えていきたい「愛の野菜伝道師」小堀夏佳さん 天然生活 2021-03-28

『奇跡のリンゴ』石川拓治：著、NHK「プロフェッショナル 仕事の流儀」制作班：監修（幻冬舎）

『〈旭山動物園〉革命　夢を実現した復活プロジェクト』小菅 正夫（角川新書）

『心に刺さる「物語」の力 ——ストーリーテリングでビジネスを変える』キンドラ・ホール：著、湊麻里役：訳（パンローリング）

「守る」北陸中日・石川テレビ共同企画【第4部　家族】パン「トントンハウス」店長 井藤修さん

上場会社トップインタビュー「創」株式会社カーブスホールディングス 増本岳

カーブス創業物語 株式会社カーブスホールディングス

普遍を求めて独自商品を得た株式会社八天堂　代表取締役　森光 孝雅　経営者通信

倒産寸前から復活!奇跡の『くりーむパン』誕生秘話株式会社八天堂 代表取締役 森光 孝雅 社長名鑑

『ビーサン屋げんべい物語—葉山の片隅から世界を狙うオンリーワン商店』中島 広行（徳間書店）

小林ゴールドエッグ 小林真作社長「取引先の一言が契機」【徳島経済人決断あのとき】7 徳島新聞 2019/06/11

なぜ「切腹最中」？ 名づけ親の新正堂3代目渡辺さんに聞く、新橋で愛され続ける和菓子のこだわり。CAKE.TOKYOチーム

ポテンシャルを磨き、新たな魅力を創造するビジネスのReデザイン ケーススタディー3 マーケティング目線の大胆な施策でスキー場を次々と再生マックアース Cmagazine

360度氷だらけ！世界初＆世界最大のアイスホテル　サリネンれい子 All About旅行

工場夜景INFOby全国工場夜景都市協議会美しい工場夜景の世界

日本初、「トンネルシアター」視察乗車会津若松商工会議所

大反響を呼んだ『ナイセスト・ピープル・キャンペーン』HONDA

こうしてヒット商品は生まれた!『宙ガール』シリーズ日商Assist Biz

一人でも多くの人が「宙（ソラ）を見上げたくなる」ようにー。“モノづくり”×“コトづくり”戦略による成功への道のり～天体望遠鏡国内シェアトップの光学機器メーカー～　株式会社ビクセン　代表取締役社長　新妻 和重 社長名鑑 社長と繋がる社長“直結”メディア

神奈川生まれのロングセラー（新江ノ島水族館）好奇心を満たす魅力「お泊まりナイトツアー」カナロコ

日本初オンラインバスツアーが大ヒット!「新しい観光」を生み出した成功の秘訣 読む動画活用

畳屋が“24時間営業”で大儲けできる理由社長就任9年で売上65億に急成長　PRESIDENT 2017年12月18日号　入山 章栄

2時間で完売！栃木「食パン専門店 利」は土曜日しか出会えない幻のお店 MACARONI

ロコンド　「急ぎません便」導入、再配達率を約10%減少　物流ウィークリー

イノベーションによる価値創出を目的としたデザイン領域におけるプログラム思考の導入と考察 小田 裕和 田隈 広紀 長尾 徹 久保田 拓朗　Journal of the International Association of P2M Vol.10 No.1, pp.103-116, 2015

きっかけはタートルタクシー！三和交通はなぜ「おもしろタクシー」をやってるの？　狙いや背景を聞いてみたGAZOO

【京都カフェ】賞味期限わずか10分!? その名は「10分モンブラン」nonno web

東京カイシャハッケン伝 ホットマン 株式会社　東京都産業労働局

「『0秒チキンラーメン』販売再開、“そのままかじる用”塩分50%あっさりうす味、ヒットで一時販売休止」食品産業新聞　2022年07月24日

「ビールスタンド 重富」広島で飲む究極の生ビール Discover Japan 2019.9.3
れんこん三兄弟の、つなぐ農業、とどける農業 茨城のヒト・コト・バ
「ノウハウの完全マニュアル化」で、安全・安心・美味しい店舗を全国展開! BIZHINT 2022年12月15日
フードリンクレポートS1サーバー・グランプリを皮切りに外食元気策を続々提案! フードビジネスボランティア団体「繁盛店への道」理事長 株式会社 柴田屋酒店 代表取締役社長 柴泰宏
部活が楽しい! 入部者続々「レモン部」とは; SNSで活動広げる「花ひろば学園レモン部」日経ビジネス 2017.10.4
ガチャ運任せの「ガチャめし(500円)」が西紀SAでスタート 大当たりの「但馬牛セット」で食堂が拍手に包まれる一幕もねとらぼ 2017年08月06日
ロマンティックなジャズの名曲が、羊羹に! | 長門屋本店 暮らす仙台
進化する"ネオ和菓子" 「物語が始まりそう」なかわいいつみきやクレヨンも【新潟発】新潟総合テレビ 2022/10/29
姿形も名前もすべて愛らしくて仕方がない。越乃雪本舗大和屋さんのお菓子 イエモネ
水族館生まれのパンの人気の秘密とは?京都水族館「すいぞくパン」を実食! 田辺 容子 ぱんてな 2022.07.12
【大阪市天王寺区・阿倍野区】見つめないで。話題沸騰スイーツ「ワンナコッタ」をパールズで 号外NET
日本で唯一! 生で安心して食べられる、味も極上の「陸上養殖」なれたマサバ。【お嬢サバ 鳥取県岩美町】出雲テラス
「あなたの年代がターゲットではない」上司へ放った"あのひと言"の真相 | 明治のチョコレート革命 リクナビNEXT ジャーナル 注目の企業 2018年2月21日
商品名を変えただけで売り上げ17倍! すごいネーミングの秘密『週刊女性』編集部 週刊女性 2017年12月5日号
Chapter.5 これを読むと欲しくなる! 鼻セレブを楽しむ攻略法 ネピア 鼻セレブ 日本が育む美の物語
見つけたら幸せになる! わずか4台の幸運を運ぶタクシー「四つ葉のクローバー号」とは くるまのニュース 2021.10.18
京都の老舗和菓子屋を救った若女将の超才覚 創業200年の伝統を現代へ通用するワザに TBSテレビ『結婚したら人生劇変! ○○の妻たち』取材班 東洋経済オンライン
『老舗書店「有隣堂」が作る企業YouTubeの世界～「チャンネル登録」すら知らなかった社員が登録者数20万人に育てるまで～』有隣堂 YouTubeチーム(ホーム社)
「書店員の素を前面に出すことで記者のファン化につなげたチャンネル」広報会議 2022年5月号
超人気書店系YouTube「有隣堂しか知らない世界」の謎多きMCブッコローに独占取材! 古文訳J-POP、欲情させる特殊紙、文具女子博の謎に迫る 前島 環夏 文春オンライン 2021/12/09
自社商品も忖度しないYouTubeチャンネル『有隣堂しか知らない世界』の魅力を紹介 ZOOREL編集部/コスモス武田 ZOOREL2022.04.12
YouTubeマーケティングの戦略とその効果とは? ビジネスを加速させる動画のチカラ 2021/02/22
YouTubeマーケティングの先駆者 Suneight 5万本超のデータから導き出す「動画SEO」アドタイ
「品質がよくない」「普段の1.5倍の値段です」 顧客満足度No.1のスーパーで見つけたオーケーストア公式サイト オネストカード"正直すぎる"ポップの真意 ITmedia ビジネスオンライン 2022年08月09日
『ある広告人の告白』ディビット・オグルヴィ:著、山内 あゆ子:訳(海と月社)
イギリス最大&最古のおもちゃ屋、ロンドン「ハムリーズ」の楽しみ方トラベルJP
食品スーパー界の松岡修造!? 「熱すぎる店内POP」が話題のお店に話を聞いてみた こんなに思いのこもった店内POPみたことない! ねとらぼ 2016年08月16日

「『大手メーカーの職と安定を投げ打ち 家業を継いだ男の鮮度と執念』…生産者の物語まで伝わってくる、山梨・北杜市のスーパーのPOPを見よ!」タウンネット

『「ほめちぎる教習所」のやる気の育て方』加藤 光一：著、坪田信貴：監修（KADOKAWA）

ビル地下なのに行列が！　家業の床屋を全国区にした二代目の思い―りよう室 ZANGIRI 大平法正さん 2018.11.16 QJnavi

りよう室ZANGIRI ビジネスマンのパワースポットを掲げたサーズで驚異のリピート率を実現　商業界 2018年4月号

タイトル伏せて売上10倍～ワクワク感を刺激する新感覚ブックフェア , ORICON NEWS2012-09-08

「創造と環境 コピーライター西尾忠久の1960年代を中心としたアメリカ広告のアーカイブ」エイビス1-5　西尾忠久

ビル・バーンバック③エイビス　日刊・世界の広告クリエイティブ　望月和人

「世界一素晴らしい仕事」に1万8000人を超える応募、オーストラリア　AFP BBNEWS　2009年2月17日

月給200万円「世界最高の仕事キャンペーン」が大成功!豪クイーンズランド州の観光PR戦略から学ぶ自治体のインバウンド誘致法とは?訪日ラボ2017年07月05日

通天閣の歴史 通天閣観光株式会社

「28projectのこと」品川女子学院 HP

経営危機からよみがえった「品川女子学院」、人を動かす4つの法則とは　漆紫穂子　品川女子学院理事長 ダイヤモンドオンライン

社会で活躍する女性の共通点、「品川女子学院」理事長が語る 漆紫穂子　品川女子学院理事長 ダイヤモンドオンライン

『ゲームのルールを変えろ!』高岡浩三（ダイヤモンド社）

元ネスレ社長が語る「キットカット受験生応援キャンペーン」誕生秘話 高岡浩三　幻冬舎plus 2022.11.21

スタバが無い鳥取県に「すなば珈琲」がオープン　知事も来店して一言「すなバーッと香りが広がります」ねとらぼ 2014年04月04日

スタバはないけど、スナバはある。地域PRに見る、逆転のマーケティング戦略 三寺雅人　100万社のマーケティング第6号

「すなば珈琲」のピンチをチャンスに変える逆転の発想とは　村上 亜由美（ぎんりんグループ 代表取締役）事業構想 2021年5月号

中小企業のオモロイ発想、大阪から　山崎一史さん　関西のミカタ　アックスヤマザキ社長　日本経済新聞2021年3月3日

子育てにちょうどいいミシン／株式会社 アックスヤマザキ　山崎一史　新事業支援Vチャレンジ新事業展開の事例　2022.12.7

地道な「N1ヒアリング」が、激売れミシンに結実!　一度閉じた市場を新たに開拓する「アックスヤマザキ」【ICC 大阪CRAFTED TOUR レポート#3】INDUTRY CO-CREATION 2021年1月28日

『奇跡を呼び込む力』植木力（PHP研究所）.

植木力氏【カスタネット】社会貢献を通じて常に社会と共鳴する企業を目指す　一般社団法人経営実践研究会

無駄に廃棄される“もったいない魚”を看板メニューに掲げた「築地もったいないプロジェクト魚治」フードリンクニュース 2015年2月13日（金）

島根の漁師町のもったいない魚に育まれ　築地もったいないプロジェクト魚治　年100回通うリピーターも　井出留美 Yahoo! ニュース個人

社員食堂：東のタニタ、西のヤンマー 徐 航明　日経XTECH 2018.01.10

株式会社タニタ「健康をはかる」企業から「健康をつくる」企業へ。メタボ社員ゼロを目指した独自の健康プログラムで健康意識の向上と医療費の適正化を実現! 予防医療JP

タニタ／谷田社長が語る「健康をつくる」新たな挑戦 流通ニュース 2019年07月03日

【世界をリードするタニタ】過去の記事を参考に、その沿革や動向を紹介日経ビジネス2021.1.25

こせがれネットワーク　宮治 勇輔｜農業のイノベーターに聞く、これからの農家が進むべき道 創業手帳 2021年11月26日

養豚農家・NPO代表 農業をあこがれの職業NO.1に 宮治 勇輔／養豚農家・NPO代表 WAVE＋

青森屋　アイデアを生む「魅力会議」で成長し続ける宿 日経XTREND 2018年07月12日

青森の魅力を満喫できる 空間と時間を提供 山下 圭三 星野リゾート 青森屋取締役 総支配人 WEB東奥

観光地経営講座 地域外からの投資による 宿泊事業の展開 株式会社星野リゾート 取締役 海外運営統括 佐藤　大介

お客様、地域、従業員みんなを健康に地域から頼られる“健康”スーパーフレスタビジネスサミットオンライン

おひるーなプラス!~フレスタの健康経営~　RCCラジオ　2021年03月10日

Dollar Shave Club Is Valued at $615 Million The Wall Street Journal. 2015/06/21

日本の伝統産業に光をあてる。「職人醤油」、高橋万太郎氏　GLOCALMISSSIONTIMES（株）くらしさ　長谷川 浩史&梨紗

ママの困り事から5万円を元手にママの商品、ママ雇用を。「起業」を選んだママの軌跡　株式会社ルカコ WORKSTORYAWARDこれからの日本をつくる“働き方”のストーリー

『士業で成功するアナログ営業術!』杉井貴幸（ごま書房新社）

『藤原和博の必ず食える1%の人になる方法』藤原和博（東洋経済新報社）

『あなたの「弱み」を売りなさい』川上徹也（ディスカヴァー21）

『仕事はストーリーで動かそう』川上徹也（クロスメディアパブリッシング）

『価格、品質、広告で勝負していたらお金がいくらあっても足りませんよ』川上徹也（クロスメディアパブリッシング）

『物を売るバカ』川上徹也（角川新書）

『あの演説はなぜ人を動かしたのか』川上徹也（PHP新書）

『川上から始めよ』川上徹也（ちくま新書）

『「コト消費」の嘘』川上徹也（角川新書）

『物を売るバカ2』川上徹也（角川新書）

『売れないものを売る方法? そんなものがほんとにあったら教えてください』川上徹也（SB新書）

『理念と経営』（コスモ教育出版）連載「小さくてもきらめく会社」川上徹也 2012年9月号-13年9月号

『自分マーケティング』川上徹也（祥伝社新書）

その他、各企業のウェブサイト・ブログなども参考にさせていただいています。「物語で売る」という事例を紹介するという趣旨の元、掲載させていただいた企業・お店・個人の皆さまには心より感謝申しあげます。

川上徹也（かわかみ・てつや）

コピーライター。湘南ストーリーブランディング研究所代表。
大阪大学人間科学部卒業後、大手広告代理店勤務を経て独立。数多くの企業の広告制作に携わる。東京コピーライターズクラブ（TCC）新人賞、フジサンケイグループ広告大賞制作者賞、広告電通賞、ACC賞など受賞歴多数。
特に企業や団体の「理念」を一行に凝縮して旗印として掲げる「川上コピー」が得意分野。「物語」の持つ力をマーケティングに取り入れた「ストーリーブランディング」という独自の手法を開発した第一人者として知られる。
現在は、広告制作にとどまらず、さまざまな企業・団体・自治体などのブランディングや研修のサポート、広告・広報アドバイザーなどもつとめる。
著書は『物を売るバカ』『1行バカ売れ』『コト消費の嘘』（いずれも角川新書）、『キャッチコピー力の基本』（日本実業出版社）、『江戸式マーケ』（文藝春秋）など多数。海外においても「ストーリーブランディング」をテーマにした本がベストセラーになっている。

お問い合わせ先
川上徹也公式サイト http://kawatetu.info/

ストーリーブランディング100の法則

2023年4月30日　初版第1刷発行
2024年4月15日　　　第2刷発行

著　者 —— 川上徹也

発行者 —— 張 士洛
発行所 —— 日本能率協会マネジメントセンター
〒103-6009 東京都中央区日本橋2-7-1　東京日本橋タワー
TEL 03（6362）4339（編集）／03（6362）4558（販売）
FAX 03（3272）8127（編集・販売）
https://www.jmam.co.jp/

装　　　丁 —— 冨澤 崇（EBranch）
本文デザイン・DTP —— 有限会社北路社
印　刷　所 —— 広研印刷株式会社
製　本　所 —— ナショナル製本協同組合

ISBN978-4-8005-9101-2　C2034
落丁・乱丁はおとりかえします
PRINTED IN JAPAN